新能源汽车电控技术

主　编　于星胜　赵　宇
参　编　张美欧　韩　旭

机　械　工　业　出　版　社

本书分为六个学习情境，对新能源汽车的各个重要的电控组成部分进行了详细介绍，主要内容包括新能源汽车的整车控制系统基础知识、电气元器件、基本电路、控制单元信号输入、执行器和车载网络系统。

本书可作为高等职业院校新能源汽车技术专业、汽车电子技术专业及相关专业的教材，也可作为相关专业技术人员的参考用书。

为了便于读者自主学习、提高学习效率，本书配备了二维码视频资源，可通过手机扫码观看。

本书还配有电子课件、试卷及答案等，凡使用本书作为教材的教师可登录机械工业出版社教育服务网（www.cmpedu.com）注册后免费下载。咨询电话：010 – 88379375。

图书在版编目（CIP）数据

新能源汽车电控技术/于星胜，赵宇主编. —北京：机械工业出版社，2024.1（2025.6重印）

ISBN 978-7-111-75568-5

Ⅰ.①新… Ⅱ.①于… ②赵… Ⅲ.①新能源-汽车-电子系统-控制系统 Ⅳ.①U463.6

中国国家版本馆 CIP 数据核字（2024）第 071242 号

机械工业出版社（北京市百万庄大街22号 邮政编码100037）
策划编辑：葛晓慧 责任编辑：葛晓慧
责任校对：张爱妮 陈立辉 责任印制：单爱军
北京盛通印刷股份有限公司印刷
2025 年 6 月第 1 版第 2 次印刷
184mm×260mm · 9.5 印张 · 232 千字
标准书号：ISBN 978-7-111-75568-5
定价：49.00 元

电话服务 网络服务
客服电话：010-88361066 机 工 官 网：www.cmpbook.com
010-88379833 机 工 官 博：weibo.com/cmp1952
010-68326294 金 书 网：www.golden-book.com
封底无防伪标均为盗版 机工教育服务网：www.cmpedu.com

前言

目前，世界各国都在大力发展新能源汽车，我国将其列入七大战略性新兴产业之中。节能与新能源汽车的发展是我国减少石油消耗和降低二氧化碳排放的重要举措之一，中央和地方各级政府对其发展高度关注，陆续出台了各种扶持和培育政策，为新能源汽车的发展营造了良好的政策环境。

我国的新能源汽车虽然起步比较晚，但发展速度很快，近年来新能源汽车迎来了爆发式增长。2022 年我国新能源汽车持续爆发式增长，产销量分别为 705.8 万辆和 688.7 万辆，其中纯电动汽车销量为 536.5 万辆。

随着新能源汽车的发展，从事新能源汽车研发、试制、试验与维护等相关工作的人员急剧增加，全国有越来越多的高职院校陆续开设了新能源汽车技术专业，从 2012 年的 3 所院校增加到 2022 年的 400 多所院校。为了使职业院校的教学内容能够紧密跟踪汽车产业特别是新能源汽车产业的发展步伐，使院校培养的人才能够满足企业需求，校企联合编写了本书。本书以情境式教学为基础，以问题引导教学内容设计，通过任务中的问题引出学生的学习内容。

为贯彻落实党的二十大精神，加强教材建设，推进教育数字化，编者在修订过程中，对全书内容进行了梳理，并加入视频资源，方便教师的融媒体教学。

本书由于星胜、赵宇任主编，张美欧、韩旭参加了编写。

本书在编写过程中，得到了许多专家与同行的大力支持，参阅了大量的文献资料，在此一并表示感谢。

由于编者水平有限，书中难免有不当或错漏之处，敬请广大读者提出宝贵意见。

编 者

二维码索引

目录

学习情境一

整车控制系统基础知识

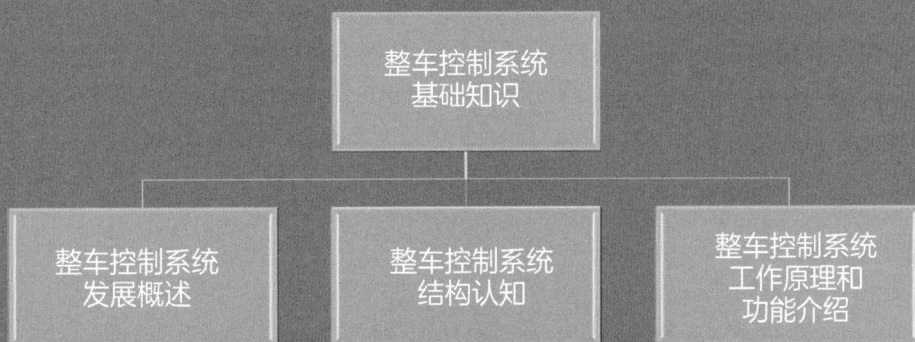

整车控制系统基础知识

整车控制系统发展概述　整车控制系统结构认知　整车控制系统工作原理和功能介绍

学习任务 1　整车控制系统发展概述

学习目标：了解整车控制系统发展的基础知识。
能力目标：培养学生搜集和整理相关资料的能力。

知识准备

能源短缺、石油危机和环境污染越演越烈，给人们的生活带来巨大影响，甚至影响到国家经济和社会的可持续发展。因此，世界各国都在积极开发新能源技术。电动汽车作为一种降低石油消耗、低污染、低噪声的新能源与节能汽车，被认为是解决能源危机和环境恶化的重要成果。

新能源汽车包括纯电动汽车、插电式混合动力（含增程式）汽车、燃料电池汽车等。本书中所介绍电动汽车均为新能源汽车部分。

目前新能源汽车相对比较成熟的为纯电动汽车技术，本书主要围绕纯电动汽车的相关内容展开介绍。电动汽车整车电子控制系统的发展植根于汽车电子控制技术的发展，汽车电子控制市场发展规模不断扩大。

问题引导 1：国外电动汽车整车电子控制系统的发展现状是什么？

整车控制器的开发包括软、硬件设计。核心软件一般由整车厂研发，硬件和底层驱动软件可选择由汽车零部件厂商提供。

1）国外整车控制器技术趋于成熟。国外大部分汽车企业在电动汽车领域积累充足，控制策略成熟度高，整车节油效果良好，控制器产品通过市场检验证实了其可靠性。

2）汽车电子零部件企业积极开展整车控制器研发和生产制造。各汽车电子零部件巨头，如德尔福、大陆、博世集团都纷纷进行整车控制器的研发和生产。部分汽车设计公司也为整车厂提供整车控制器技术方案，如 AVL、FEV、RICARDO 等，在电动汽车整车控制器领域也有不少成功的案例。

3）控制器日趋标准化。控制器的标准化已引起相关企业的关注，由全球汽车制造商、部件供应商、电子及半导体和软件系统公司，联合建立了汽车开放系统架构联盟，形成了AUTOSAR（汽车开放系统架构）标准，简化了开发流程并使 ECU 软件具有复用性，是控制器开发的一个趋势。

问题引导 2：国内电动汽车整车电子控制系统的发展现状是什么？

863 计划中，我国整车控制器主要是以高校为依托进行研究，如清华大学、同济大学、北京理工大学等，目前已初步掌握了整车控制器的软、硬件开发能力。产品功能较为完备，基本可以满足电动汽车需求，已经应用到样车及小批量产品上。部分整车企业与国外公司进行合作，如 FEV、RICARDO 等公司通过联合开发，吸收国外相关技术和经验，增强自主开发能力。目前各厂家基本掌握整车控制器开发技术，但技术积累有限，水平参差不齐。

我国整车控制器硬件水平与国外存在一定差距，产业化能力相对不足。大部分企业推出量产电动汽车产品时更倾向于选择国外整车控制器硬件供应商。另外，控制器基础硬件、开发工具等基本依赖进口。总体来讲，整车控制器产品技术水平和产业化能力与国外仍有较大差距。

我国整车控制器存在的主要问题：

1）应用软件方面多数停留在功能实现，软件诊断功能、整车安全控制策略、监控功能均有待优化和提高。

2）部分企业能根据 V 型开发流程（一种软件和产品开发工具）引进相关的设备和软件，普遍使用通用开发工具进行二次开发；现有工具偏重于前期开发，缺少用于生产制造和售后服务的工具，不利于产品的产业化发展。

3）国内企业能够完成整车控制器硬件结构设计，但由于我国芯片集成力量比较薄弱，制造能力较差，可靠性和稳定性仍有很大的提升空间。

4）目前各整车企业控制器接口和网络通信协议定义互不相通，造成控制器之间的通用性和复用性差，不利于控制器的产业化和规模化。

学习任务2　整车控制系统结构认知

学习目标：了解整车控制系统的结构组成。
能力目标：培养学生搜集和整理相关资料的能力。

知识准备

整车控制系统由整车控制器、通信系统、零部件控制器以及驾驶人操纵系统构成，其主要功能是根据驾驶人的操作和当前的整车和零部件工作状况，在保证安全和动力性的前提下，选择尽可能优化的工作模式和能量分配比例，以达到最佳的燃料经济性和排放指标。电动汽车动力系统各零部件的工作都是由整车控制器统一协调的。对于纯电动汽车，电动机驱动和制动能量回收的最大功率都受到蓄电池放电/充电能力的制约。对于燃料电池电动汽车，由于其具有一个或两个动力源，增加了系统设计和控制的灵活性，使汽车可以在多种模式下工作，适应不同工况下的需求，获得比传统汽车更好的燃料电池性能，降低了有害物的排放，减小了对环境的污染和危害，从而达到环保和节能的双重标准。

问题引导1：整车控制系统的结构组成有哪些？

电动汽车驱动系统包括几种不同的能量和储能元件（燃料电池、内燃机或其他热机、动力蓄电池或超级电容器），在实际工作过程中包括了化学能、电能和机械能之间的转化。电动汽车动力系统能流图如图 1-1 所示。

电动汽车动力系统的部件都有控制器，为分布式分层控制提供了基础。分布式分层控制可以实现控制系统的拓扑分离和功能分离。拓扑分离使物理结构上各个子系统控制系统分布

3

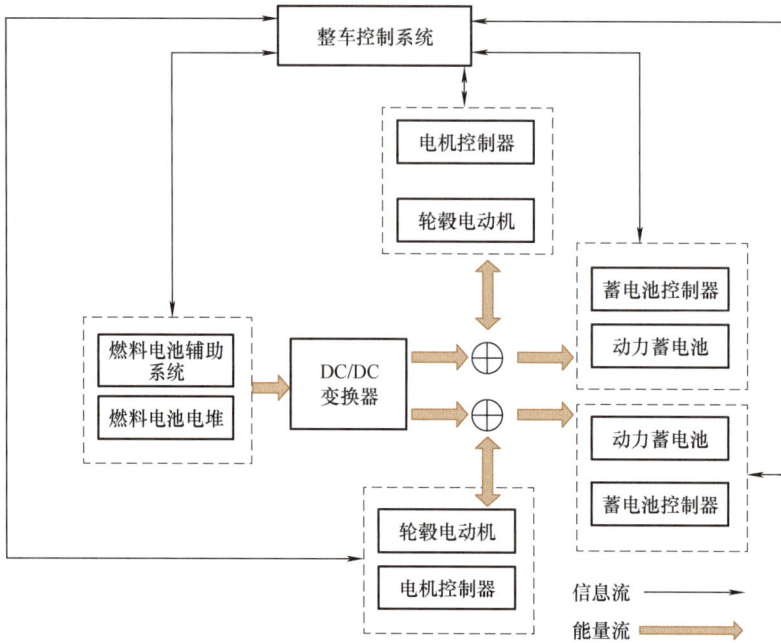

图 1-1　电动汽车动力系统能流图

在不同位置上，从而减少了电磁干扰；功能分离使各个子部件完成相对独立的功能，从而可以减少子部件的相互影响，并提高了容错能力。电动汽车分层结构控制系统如图 1-2 所示。最底层是执行层，由部件控制器和一些执行单元组成，其任务是正确执行中间层发送的指令，这些指令通过 CAN 总线进行交互，并且有一定的自适应和极限保护功能。中间层是协调层，也就是整车控制器（VMS），它的主要任务是一方面根据驾驶人的各种操作和汽车当前的状态解释驾驶人的意图；另一方面根据执行层的当前状态，做出最优的协调控制。最高层是组织层，由驾驶人或者制动驾驶仪来实现车辆控制的闭环。电动汽车整车控制系统结构如图 1-3 所示。

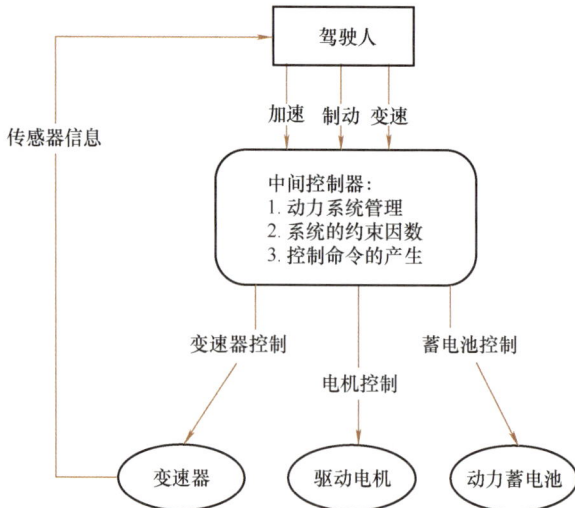

图 1-2　电动汽车分层结构控制系统

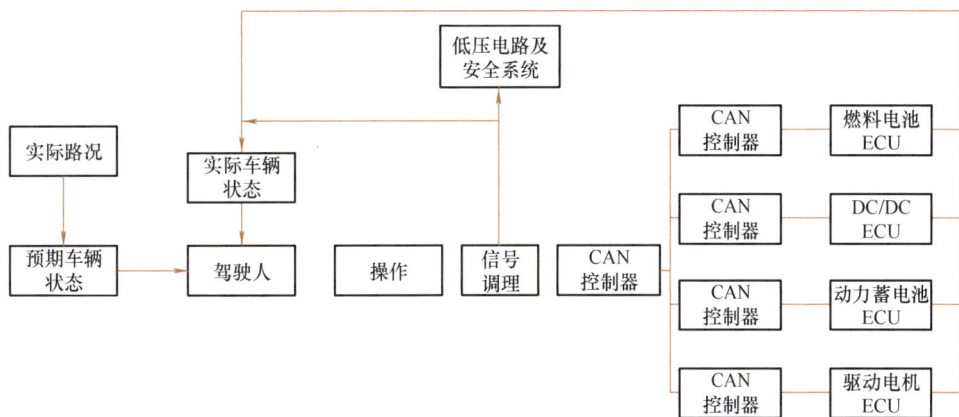

图 1-3　电动汽车整车控制系统结构

问题引导2： 整车控制器的结构组成有哪些？

1. 整车控制器构成（图 1-4）

整车控制器即动力总成控制器，是纯电动汽车的核心控制部件，它采集加速踏板信号、制动踏板信号及其他部件信号并做出相应判断后，控制下层的各部件控制器的动作，驱动汽车正常行驶。作为汽车的指挥管理中心，其主要功能包括：驱动力矩控制、制动能量的优化控制、整车的能量管理、CAN 网络的维护和管理、故障的诊断和处理、车辆状态监视等，

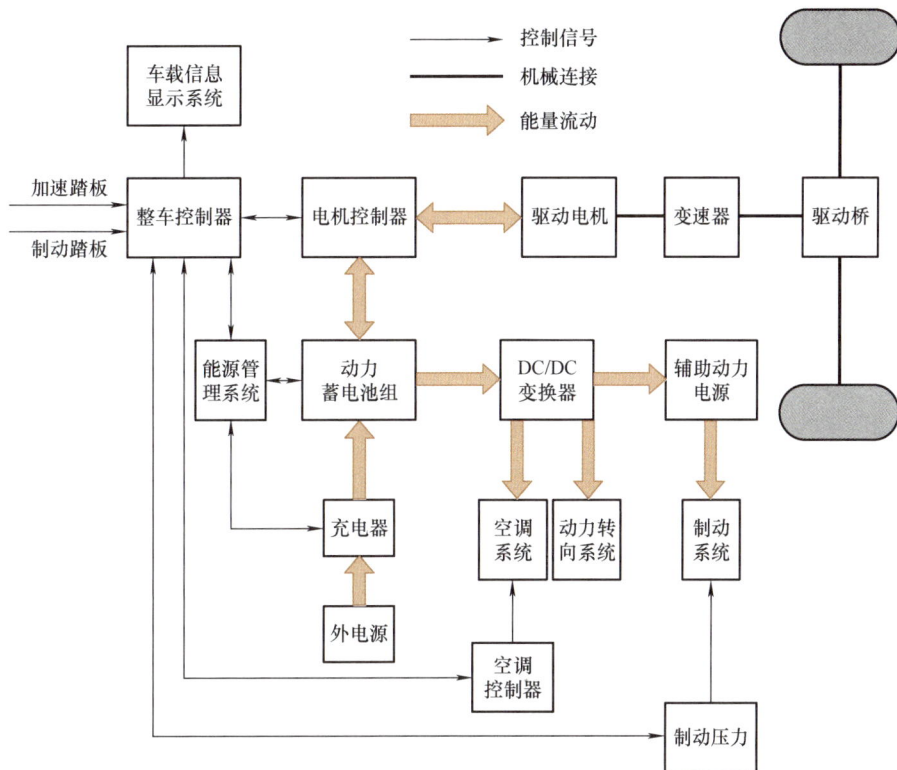

图 1-4　整车控制器构成

它起着控制车辆运行的作用。因此，VMS 的优劣直接影响着整车性能。

整车控制器是纯电动汽车整车控制系统的核心部件，它对汽车的正常行驶、再生能量回收、网络管理、故障诊断与处理、车辆的状态与监视等功能起着关键的作用。与各部件控制器的动态控制相比，整车控制器属于管理协调型控制。整个车辆系统采用一体化集成控制与分布式处理的车辆控制系统的体系结构，各部件都有独立的控制器，整车控制器对整个系统进行能量管理及各部件的协调控制。为满足系统数据交换量大，实时性、可靠性要求高的特点，整个分布式控制系统之间采用 CAN 总线进行通信。

目前，较主流的电动汽车整车控制系统都采用 CAN 总线通信连接，这样不仅大大提高了控制的效率和稳定性，而且能实现数字控制。电动汽车驱动电机、动力蓄电池等执行动力部分的状态信号被发送到 CAN 总线，最终传输到显示终端提供给驾驶人，以便实现整车控制。新的电子控制系统在传统汽车上应用不多，但它对纯电动汽车的工作有着重要影响。与国外相比，目前我国还有一定的差距，但是随着电机驱动系统的发展以及各种新技术和新材料的应用，在这方面的差距会越来越小。整车控制器通过相关传感器采集驾驶人驾驶信号，通过 CAN 总线获得驱动电机和蓄电池系统的相关信息，进行分析和运算，通过 CAN 总线给出电机控制和蓄电池管理指令，实现整车驱动控制、能量优化控制和制动回馈控制。另外，整车控制器还具有组合仪表接口功能，可显示整车状态信息，具备完善的故障诊断和处理功能以及整车网关及网络管理功能。

2. 整车控制器开发

在传统的控制单元开发流程中，通常采用串行开发模式，即首先根据应用需要提出系统需求并进行相应的功能定义，然后进行硬件设计，使用汇编语言或 C 语言进行面向硬件的代码编写，随后完成软、硬件和外部接口集成，最后对系统进行测试标定。现在的开发多采用 V 型模式开发流程（图 1-5）。软、硬件技术的不断发展，为并行开发提供了强有力的工具。例如，德国 DSPACE 公司开发了基于 PowerPC 和 Matlab7Simulink 的实时系统仿真，为控制器开发及半实物仿真提供了很好的软、硬件工作基础。

第一步，功能定义和离线仿真。首先根据应用需要明确控制器应该具有的功能，为硬件设计提供基础；然后借助 Matlab 建立整

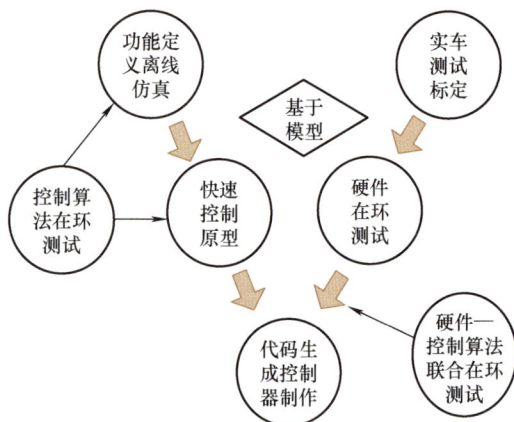

图 1-5　V 型模式开发流程

个控制系统的仿真模型，并进行离线仿真，运用软件仿真的方法设计和验证控制策略。

第二步，快速控制器原型和硬件开发。从控制系统的仿真模型中取出控制器模型，并且结合 DSPACE 物理接口模块（A/D、D7A、170、RS232 和 CAN）来实现与被控对象的物理连接，然后运用 DSPACE 提供编译工具生成可执行程序，并下载到 DSPACE，DSPACE 此时作为目标控制器的替代物，可以方便地实现控制参数在线调试和控制逻辑调节。在进行离线仿真和快速控制其原型的同时，根据控制器的功能设计，同步完成硬件的功能分析并进行相应硬件设计、制作，并且根据软件仿真的结果对硬件进行完善和修改。

第三步，目标代码生成。前述的快速控制原型基本生成了满意的控制策略，硬件设计也形成了最终物理载体 ECU，此时运用 DSPACE 的辅助工具 TargetLink 生成目标代码，然后编写目标的底层驱动软件，两者集成后生成目标代码下载到 ECU 中。

第四步，硬件在环仿真。其目的是验证控制器电控单元的功能。在这个环节中，除了电控单元是真实的部件，部分被控对象也可以是真实的零部件。如果将仿真模型中的被控对象模型生成代码并下载到 DSPACE 中，则可用于被控对象的特性验证。

第五步，调试相标定。把经过硬件在环仿真验证链接到完全真实的被控对象中，进行实际运行试验和调试。

学习任务3 整车控制系统工作原理和功能介绍

学习目标：了解整车控制系统的工作原理和功能。
能力目标：培养学生搜集和整理相关资料的能力。

知识准备

整车控制系统主要包括微控制器（MCU）、模拟量输入和输出、开关量调节、继电器驱动、高低速 CAN 总线、电源等模块。整车控制器对各个环节进行管理、协调和监控，以提高整车能量利用效率，确保安全性和可靠性。

问题引导1： 整车控制系统的工作原理是什么？

整车控制系统的工作原理如图 1-6 所示。其各功能模块简要说明如下。

1）开关量调节模块。用于开关输入量的电平转换和整形，其一端与多个开关量传感器相连，另一端与微控制器相接。

2）继电器驱动模块。用于驱动多个继电器，其一端通过光隔离器与微控制器相连，另一端与多个继电器相接。

3）高速 CAN 总线接口模块。用于提供高速 CAN 总线接口，其一端通过光隔离器与微控制器相连，另一端与系统高速 CAN 总线相接，主要处理实时性要求高的信号，如电机转速信号。

4）低速 CAN 总线接口模块。用于提供低速 CAN 总线接口，其一端通过光隔离器与微控制器相连，另一端与系统低速 CAN 总线相接，主要处理对实时性要求不是很高的信号，如灯光控制信号。

5）电源模块。电源模块可为微处理器和各输入、输出模块提供隔离电源，并对动力蓄电池电压进行监控，与微控制器相连。

6）模拟量输入和输出模块。可采集 0~5V 模拟信号，并可输出 0~4.095V 的模拟电压信号。

7）脉冲信号输入和输出模块。可采集脉冲信号并调节，范围为 1~20kHz，幅度为 6~

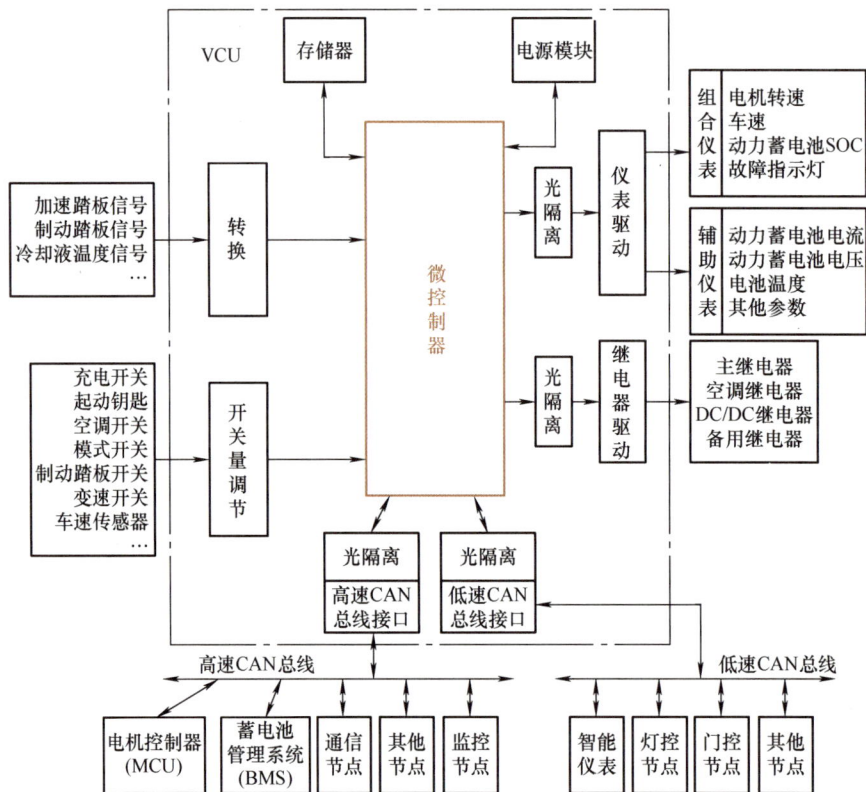

图 1-6   整车控制系统的工作原理

50V；输出 PWM 信号，范围为 1～10kHz，幅度为 0～14V。

8）故障和数据存储模块。存储器可以存储标定的数据和故障码、车辆特征参数等，容量为 32K。

问题引导 2： 整车控制系统的功能有哪些？

纯电动汽车整车控制系统通常解决与汽车功能要求有关的问题，而这些问题仅依靠通常的机械系统是难以解决的。例如，ABS 是为了保证车辆在易滑路面上行驶时的安全性；悬架控制用来改善平顺性、操纵性和稳定性；动力转向是为了改善停车或低速驾驶时的转向力以及保证在高速行驶时有路感。

各种整车控制系统往往是相互关联的，如果不考虑这种相关性，任何一个控制系统都会出现非所预期的结果。例如，车辆上的主动悬架，如果不考虑防滑制动系统的行为，就有可能在紧急制动时导致车辆的上下起伏和纵向摇摆。这是因为主动悬架对防滑制动系统的波动是有反响的。又如主动悬架可以减小车辆侧倾，可是却破坏了四轮转向系统（4WS）的横摆响应。与此同时，若依靠 4WS 改善横摆响应，则主动悬架的侧倾收敛效果减弱。

新能源汽车整车控制系统是有层次的，一般可以分成 3 个层次，如图 1-7 所示。第一层是车辆综合控制系统；第二层是各个子系统，如制动控制系统、转向控制系统、悬架控制系统和动力传动装置控制系统等；车辆前、后、左、右 4 个制动装置或 4 个悬架装置的控制系统属于第三层。

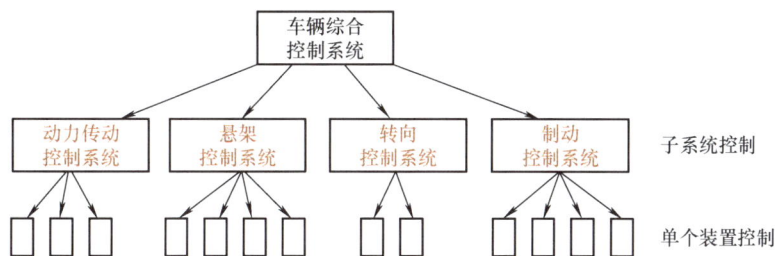

图 1-7　整车控制系统的层次

1. 整车控制系统对车辆性能的影响

（1）动力性和经济性　整车控制系统决定驱动电机转矩的输出，直接影响汽车动力性能，影响驾驶人的操纵感觉；燃料电池电动汽车有一个或两个能量来源，在汽车实际行驶过程中，整车控制器实施控制能量源之间的能量分配，从而实现整车能量的优化，获得较高的经济性。

（2）安全性　燃料电池电动汽车上包括氢气瓶、动力蓄电池等能量储存单元和动力总线，驱动电机及其控制器等强电环节，除了原有的车辆安全性问题（如制动和操作稳定性）之外，还增加了高压电安全和氢安全等新的安全隐患。整车控制器必须从整车的角度及时检测各部件的工作状态，并对可能出现的危险进行及时处理，以保证成员和车辆的安全。

（3）驾驶舒适性及整车的协调控制　采用整车控制器管理汽车上的各部件工作，可以整合汽车上各项功能，如自动巡航、ABS、自动变速等，实现信息共享和全局控制，改善驾驶舒适性。整车控制器根据驾驶人操作信号进行驾驶意图解释，根据各部件和整车工作的状态进行整车安全管理和能量分配决策，通过 CAN 总线向部件 ECU 发送命令，并通过硬件资源驱动整车安全操作和仪表显示。

2. 整车控制系统的功能

（1）改善乘坐舒适性　良好的乘坐舒适性表现为车辆在任何路面行驶时，无论转向和侧向运动时颠簸和冲击都较小，理想的情况是像乘坐喷气式客机在天空中飞行一样舒适。

（2）车辆行驶时的姿态控制　控制车辆在转向、制动和加速时的侧倾、纵倾等运动，以保证驾驶人有最舒适的车辆水平位置。

（3）保证有高的操纵性和稳定性　依靠电子控制系统，车辆能对驾驶人的操纵及时正确地给予响应，无论在何种速度下都能保证车辆的操纵性和稳定性。另外，车辆应不受侧向风或路面不平度的干扰。

（4）提高行驶能力极限　汽车电子控制系统应在任何路面和任何行驶工况（加速、制动和转向）下实现最大的轮胎与路面间的牵引力。

（5）自适应操纵系统　当作用在车辆上的惯性力超过轮胎与路面间的牵引力极限时，控制系统应能自动地给予转向、制动或加速，以避免车辆进入危险状态。

3. 整车控制器功能说明

纯电动汽车整车控制器基本具备以下功能：

（1）对汽车行驶控制的功能　驾驶人的所有与驱动驾驶相关的操作信号都直接进入整车控制器，整车控制器对采集的驾驶人操作信息进行正确的分析处理，计算出驱动系统的目标转矩和车辆的需求功率来实现驾驶人的意图。驱动电机必须按照驾驶人意图输出驱动或制动转矩。当驾驶人踩下加速踏板或制动踏板时，驱动电机要输出一定的驱动功率或再生制动功率。踏板开度越大，驱动电机的输出功率越大。因此，整车控制器要合理解释驾驶人操作，接收整车各子系统的反馈信息，为驾驶人提供决策反馈，对整车各子系统发送控制指令，以实现车辆的正常行驶。

（2）整车的网络化管理　整车控制器是纯电动汽车众多控制器中的一个，是 CAN 总线中的一个节点。在整车网络管理中，整车控制器是信息控制的中心，负责信息的组织与传输、网络状态的监控、网络节点的管理以及网络故障的诊断与处理。整车控制器要实时采集驾驶人的操作信息和其他各部件的工作状态信息，这是实现整车控制器其他功能的基础和前提。该层接受 CAN 总线的信息，对直接反馈整车控制器的物理层进行采样处理，并且通过 CAN 发送控制命令，通过 I/O、D7A、PWM 提供对显示单元、继电器等的驱动信号。

（3）制动能量回馈控制　驱动电机作为驱动转矩的输出机构，具有回馈制动的性能，此时驱动电机作为发电机，利用电动汽车的制动能量发电，同时将此能量存储在储能装置中；当满足充电条件时，将能量补充给动力蓄电池。在这一过程中，整车控制器根据加速踏板和制动踏板的位置以及动力蓄电池的 SOC 值来判断某一时刻能否进行制动能量回馈。如果可以进行，整车控制器向电机控制器发出制动指令，回收部分能量。

（4）整车能量管理和优化　在纯电动汽车中，动力蓄电池除了给驱动电机供电以外，还要给电动附件供电，因此，为了获得最大的续驶里程，整车控制器将负责整车的能量管理，以提高能量的利用率。在动力蓄电池的 SOC 值比较小的时候，整车控制器将对某些电动附件发出指令，限制电动附件的输出功率来增加续驶里程。

（5）车辆状态的监测和显示　整车控制器应该对车辆的状态进行实时检测，并且将各个子系统的信息发送给车载信息显示系统，其过程是通过传感器和 CAN 总线检测车辆状态及其各子系统状态信息，驱动显示仪表将状态信息和故障诊断信息显示出来。显示内容包括驱动电机的转速、车速，动力蓄电池的电量，故障信息等。

（6）安全故障诊断与处理　车辆运行中，任何部件都可能产生差错，从而可能导致器件损坏甚至危及车辆安全。整车控制器要能对汽车各种可能的故障进行分析处理，这是保证汽车行驶安全的必备条件。对车辆而言，故障可能出现在任何地方，但对整车控制器而言，在检测出错误后，会做出相应的处理，在保证车辆足够安全的条件下，给各部件提供可使用的工作范围，以便尽可能地满足驾驶人的驾驶意图。整车控制器连续监视整车电控系统，进行故障诊断。故障指示灯指示故障类别和部分故障码。整车控制器根据故障内容及时进行相应安全保护处理。对于不太严重的故障，整车控制器能保证车辆低速行驶到附近维修站进行检修。

（7）外接充电管理　实现充电的连接，监控充电过程，报告充电状态，充电结束。

（8）诊断设备在线诊断和下线检测　负责与外部诊断设备的连接和诊断通信，实现 UDS 诊断服务，包括数据流读取、故障码的读取和清除、检测端口的调试。

学习情境二

电气元器件

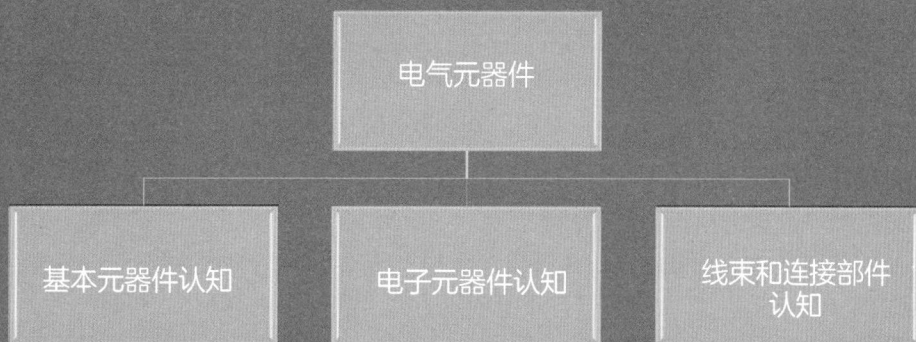

学习任务1 基本元器件认知

学习目标：了解基本元器件的基础知识。

能力目标：培养学生搜集和整理相关资料的能力。

知识准备

纯电动汽车整车控制系统是由大量的电气元器件通过某种连接方式组合在一起的。掌握相关元器件的基本知识是学习整车控制系统的基础。

问题引导1： 电路保护器有哪些？

汽车上的电路必须被保护，不能使电流过载或短路。电流过载是电路中有过大的电流，电流过载可能是由电路短路造成的。短路是一种故障状态，形成低电阻的通路，让电流流过。电路保护器能在电路出现过载时切断电路，来保护导线和连接器不被损害。

电路保护器一般有电路断路器、易熔线和熔断器3类。

1. 电路断路器（图2-1）

断路器是串联在电路中起过载保护作用的一种能重复使用的"熔丝"。电路断路器有3种类型：自动复位电路断路器、手动复位电路断路器和正温度系数（PTC）固态电路断路器。

图2-1 电路断路器

使用断路器的优点如下：

1）断路器一般不会损坏，使用寿命长久。

2）使用了可弯曲的双金属片，在电流过大时，双金属片弯曲使触点断开来断开电路，冷却后触点闭合，接通电路。断路器可重复使用，减少换熔丝的麻烦。

3）安装断路器有利于行车安全。

2. 易熔线（图2-2）

易熔线是一种截面积小于被保护导线截面积、可长时间通过额定电流的铜芯低压导线或合金线，用于保护总电路或较重要电路。汽车易熔线起熔丝的作用，可长时间通过额定电流，当电路过流、过载时即时熔断，起保护电路和用电设备的作用。汽车易熔线规格分为 $0.25mm^2$、$0.35mm^2$、$0.5mm^2$、$0.75mm^2$、$0.85mm^2$、$1.00mm^2$、$1.25mm^2$ 和 $1.50mm^2$，使用时可按照电路的额定电流选择使用。

易熔线内部的导线通过极高的电流时被熔断，当熔断之后，必须进行更换。

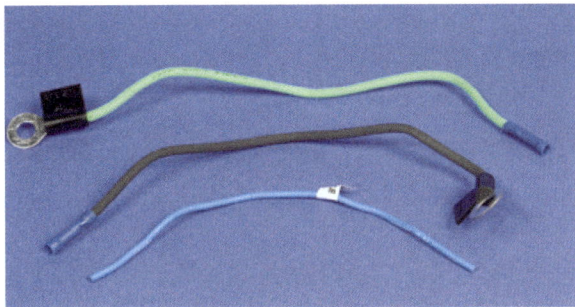

图 2-2　易熔线

3. 熔断器（图 2-3）

熔断器串联在电源与用电设备之间，是电路的保护装置。当电路通过过量的电流时，熔断器内的金属条（熔体）会被熔断，使电路断开。熔断器是一次性用品，被熔断后必须更换。熔断器广泛应用于高、低压配电系统和控制系统以及用电设备中，作为短路和过电流的保护器，是应用最普遍的保护器件之一。易受其他用电设备干扰的电器件必须单设熔断器。各类传感器、报警信号灯和外部照明灯、电喇叭等电器件对整车性能及安全影响也较大，但其电负荷相互间的干扰并不敏感。因此，这类电负荷可以根据情况相互组合，共同使用一个熔断器。对于为增加舒适性而设置的普通电器件类的电负荷可以根据情况相互组合，共同使用一个熔断器。熔断器分为快熔式和慢熔式两种。快熔式熔断器的主要部件是细锡线，其结构简单、可靠性和耐振好、易检测，所以被广泛采用；慢熔式熔断器实际上是锡合金片，这种结构的熔断器一般串联到感性负载的电路中，如电机电路。熔断器可分为插片式熔断器、玻璃管熔断器、欧式熔断器、特大号熔断器和插孔式大熔断器。

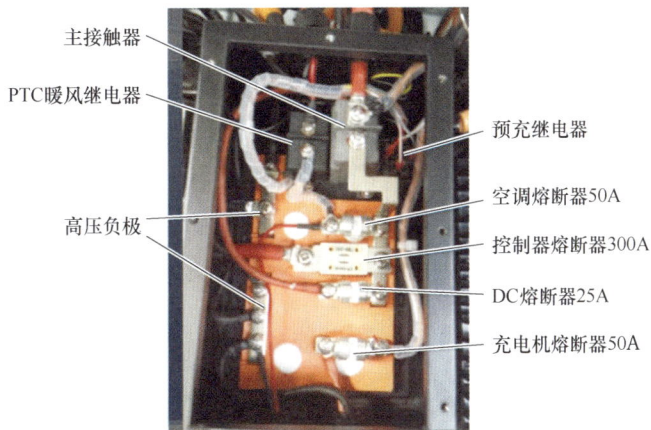

主接触器
PTC暖风继电器
预充继电器
空调熔断器50A
高压负极
控制器熔断器300A
DC熔断器25A
充电机熔断器50A

图 2-3　熔断器

（1）插片式熔断器　插片式熔断器有大号、标准型和微型 3 种不同的尺寸类型（图 2-4）。插片式熔断器是扁平的、塑料成型的两个插脚的插接器，即一个金属条把两个插脚连接起来。熔断器的额定值可以根据颜色来区分，在塑料片的顶部还有压印的数值。

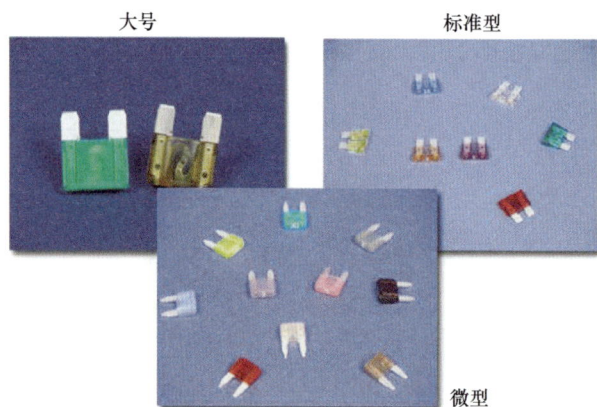

图 2-4　插片式熔断器

应用场合：微型和标准型的熔断器使用在熔断器板上或者电器控制中心里；大号的熔断器有时被用于替代易熔线，位于前机舱内。

（2）玻璃管熔断器　玻璃管熔断器是一根玻璃管，内部有一根金属丝，金属丝与玻璃管两端的金属帽相连接（图 2-5），熔断电流额定值压印在端帽上，有多种尺寸和额定值以适应它们所保护的电路。

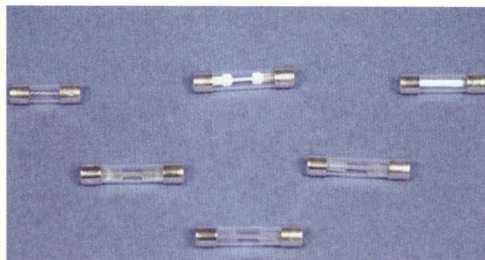

图 2-5　玻璃管熔断器

应用场合：熔断器板上与各个电路串联，或者使用在老式车辆上的电气中心处。

（3）欧式熔断器　欧式熔断器背部有金属条的细长的塑料芯座（图 2-6），电流额定值压印在芯座的明面上，有多种规格以适应它们所保护的电路。

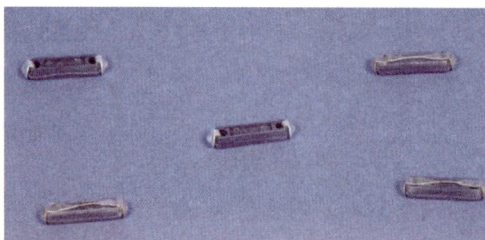

图 2-6　欧式熔断器

应用场合：欧洲车辆的熔断器板上。

（4）特大号熔断器　特大号熔断器（图2-7）用于电流特别大的电流回路，可保护电流达250A的电路。

（5）插孔式大熔断器　插孔式大熔断器是在小体积、方形外壳的熔断器内有金属条连接到两个插孔式接线端上（图2-8），电流的额定数值压印在熔断器壳的顶端，有多种电流的额定值。

应用场合：新型汽车前机舱内的熔断器板上。

图2-7　特大号熔断器

图2-8　插孔式大熔断器

熔断器检修时必须注意以下几点：

1）熔断器熔断后，必须查明原因，彻底排除故障。

2）更换熔断器时，一定要使用与原规格相同的熔断器，不可旁通或用更大容量的电路保护元件替换。

3）安装时，要保证熔断器与熔断器支架接触良好。

问题引导2： 电阻器有哪些？

电阻器（图2-9）又称为电阻，在电子产品和汽车电路中是一种必不可少的元件。它的种类繁多，形状各异，功率也不相同。在电路中使用电阻的目的是限压、限流或得到规定的电压等。下面介绍电阻器的分类。

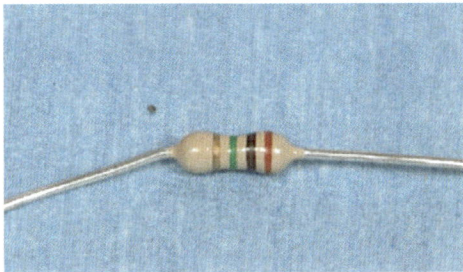

图2-9　电阻器

（1）按制作材料分　有碳膜电阻、绕线电阻、金属膜电阻和半导体电阻。

1）碳膜电阻。碳膜电阻电阻值的大小取决于碳材料的厚度，碳材料厚度越厚，电阻值就越大。碳膜电阻体积比较小，应用于计算机电路板上。

电阻值的大小可以用色环法读出。在电阻外面的色环表示电阻的电阻值，对于 4 环电阻，前两环是有效数字，第 3 环是倍乘，第 4 环是允许偏差。对于 5 环电阻，前 3 环是有效数字，第 4 环是倍乘，第 5 环是允许偏差。有的色环不能做有效数字，有的色环不能做允许偏差，但可以根据颜色判断第 1 环。电阻色环表见表 2-1。

表 2-1　电阻色环表

颜　　色	第 1 个色环	第 2 个色环	第 3 个色环（乘数）	第 4 个色环（公差）
黑色	0	0	$\times 10^0$	
棕色	1	1	$\times 10^1$	$\pm 1\%$（F）
红色	2	2	$\times 10^2$	$\pm 2\%$（G）
橘黄色	3	3	$\times 10^3$	
黄色	4	4	$\times 10^4$	
绿色	5	5	$\times 10^5$	$\pm 0.5\%$（D）
蓝色	6	6	$\times 10^6$	$\pm 0.25\%$（C）
紫色	7	7	$\times 10^7$	$\pm 0.1\%$（B）
灰色	8	8	$\times 10^8$	$\pm 0.05\%$（A）
白色	9	9	$\times 10^9$	
金色			$\times 0.1$	$\pm 5\%$（J）
银色			$\times 0.01$	$\pm 10\%$（K）
无色				$\pm 20\%$（M）

2）线绕电阻。线绕电阻是用高电阻值的导线缠绕在一个圆柱形的绝缘芯子上制成的（图 2-10）。线绕电阻电阻值的大小取决于绕线的长度，经常使用在大功率的应用场合，要比其他类型的电阻体积大。

图 2-10　线绕电阻

3）金属膜电阻。金属膜电阻利用真空喷涂技术在瓷棒上面喷涂，将碳膜换成金属膜（如镍铬），并在金属膜上车出螺旋纹做出不同阻值，并且于瓷棒两端镀上贵金属。虽然它较碳膜电阻器贵，但杂声小、稳定、受温度影响小、精确度高，因此被广泛应用于高级音响器材、计算机、仪表、国防及太空设备等方面。

4）半导体电阻。半导体电阻也称为敏感电阻器，主要由半导体材料制成。它对外界（如温度、湿度、机械力、电压磁场等物理量）变化反应敏感，从而导致自身电阻值发生变化，人们根据这些电阻阻值的变化，就可检测上述物理量的变化。

（2）按结构形式分　分为固定电阻和可变电阻。

固定电阻就是阻值固定的电阻，可变电阻（图 2-11）的阻值可变，分为变阻器和电位器。

变阻器是两根线的可变电阻，一根导线被固定在碳电阻或者绕线电阻的一端，另一根导线被连接在一个滑动触点（电刷）上。变阻器在电路中变化的电阻值是由电刷的位置确定的。

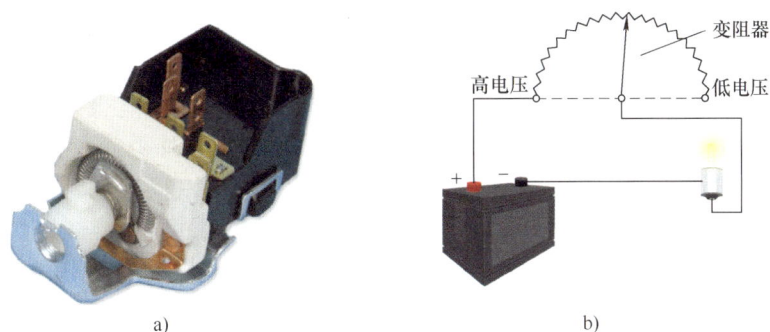

a)   b)

图 2-11　可变电阻

a）外形　b）工作原理图

变阻器通常使用在内部的照明系统中，被用于控制仪表板上照明灯的明暗调节。灯光开关如图 2-12 所示。

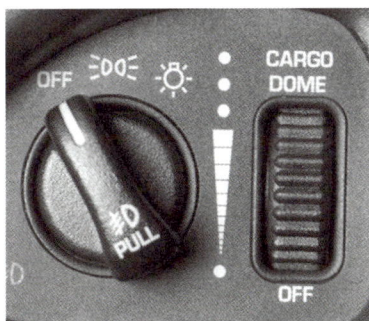

图 2-12　灯光开关

电位器是有 3 根接线端的可变电阻器。其中的两根线是输入，第 3 根线是输出，它有可移动的触点接线端，可移动端的位置变化改变输出电压。电位器通常用在车载计算机的输入传感器上，应用实例有加速踏板传感器、废气再循环（EGR）位置传感器（图 2-13）和节气门位置传感器（图 2-14）。

电位器

图 2-13　废气再循环（EGR）位置传感器

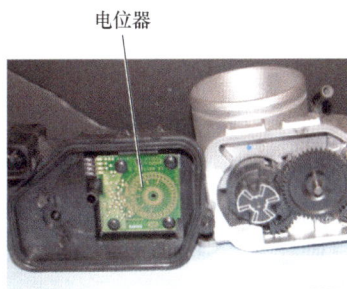

电位器

图 2-14　节气门位置传感器

（3）按功率分　有 1/16W、1/8W、1/4W、1/2W、1W、2W 等。

（4）按用途分　有精密电阻、高频电阻、高压电阻、大功率电阻、熔断电阻、热敏电阻、光敏电阻、压敏电阻等。

1）热敏电阻。热敏电阻是对温度变化很敏感的电阻器，其种类较多，但大体可分为两类，一类是阻值随温度升高而增大，这类热敏电阻称为正温度系数热敏电阻，也称 PTC 元件；另一类是阻值随温度升高而减小，这类热敏电阻称为负温度系数热敏电阻，也称 NTC 元件。这两类热敏电阻都具有对温度变化极其敏感（热惰性小）、体积小等特点，主要应用于温度测量、温度控制、火灾报警、微波和激光功率测量等方面。

2）光敏电阻。光敏电阻是一种对光照很敏感的半导体元件，当光照增强时其电阻值下降，反之亦然。根据制作光敏电阻材料经掺杂后的光谱特性，可将光敏电阻分为紫外光光敏电阻器、可见光光敏电阻器和红外光光敏电阻器 3 类。紫外光光敏电阻器对紫外光反应灵敏，可专用于检测紫外光；可见光光敏电阻器主要应用于各种可见光电自动控制系统，如路灯、航标灯自动亮、熄控制，电子计算机的输入设备，光跟踪系统等；红外光光敏电阻器主要应用于导弹制导、卫星运行姿态监视、天文探测、气体分析等。硫化镉光敏电阻对 X、α、β、γ 射线很敏感，可以用来做无损伤探测。

3）压敏电阻。压敏电阻是电压敏感电阻器的简称，是一种非线性电阻元件。压敏电阻阻值与两端施加的电压大小有关。当加到压敏电阻器上的电压在其标称值以内时，电阻器的阻值呈现无穷大状态，几乎无电流通过。当压敏电阻器两端的电压略大于标称电压时，压敏电阻迅速击穿导通，其阻值很快下降，使电阻器处于导通状态。当电压减小至标称电压以下时，其阻值开始增大，压敏电阻又恢复为高阻状态。当压敏电阻器两端的电压超过其最大限制电压时，它将完全击穿损坏，无法自行恢复。

压敏电阻器性优价廉，体积小，具有工作电压范围宽、对过压脉冲响应快、耐冲击电流能力强、漏电电流小（低于几微安）、电阻温度系数小等特点，是一种理想的保护元件，被广泛地应用在家电及其他电子产品中，常被用于构成过压保护电路、消噪电路、消火花电路、防雷击保护电路、浪涌电压吸收电路和保护半导体元器件中。

4）磁敏电阻。磁敏电阻是利用磁电效应做成的，它的电阻值随磁通密度的增大而增大。磁敏电阻在测量、自动控制和信息处理等方面都有广泛应用，可通过它测量磁场强度，能对位移、频率、功率等进行检测。另外，磁敏电阻可以应用于直流、交流变换、斩波、变频和模拟运算等领域。

5）力敏电阻。力敏电阻是利用材料的电阻率随外加应力改变而改变的特性制成的。利用力敏电阻可以将机械力、重力、加速度等转换为电信号。力敏电阻器可以制成转矩计、张力计、加速度计、压力传感器、半导体传声器等，在航天、航空、军事及民用领域中均有广泛应用。

6）气敏电阻。气敏电阻是利用半导体表面吸收某种气体分子后发生氧化还原反应而使电阻率发生改变的特性制成的。气敏电阻有许多种，分别对不同的气体（如 NO_x、CO、CO_2、O_2、SO_2、C_xH_x 等）有着独特的敏感性。气敏电阻器的应用范围很广，主要制成各种气敏传感器，应用在环境监测、各种管道、密封系统的检漏以及安全防火、防爆、自动控制等领域。

7）湿敏电阻。湿敏电阻是利用其电阻值随环境相对湿度的变化而改变的特性制成的一种敏感元件。它主要由感湿层、电极和具有一定机械湿度的绝缘基体构成。当感湿层吸附环境中的水分后，会引起两电极间阻值的减小，这样就直接将相对湿度的变化转换为电阻值的变化。根据湿敏电阻的感湿层所用材料不同，湿敏电阻有多种不同种类。目前，湿敏电阻主要应用于各种领域中湿度的检测和控制系统中。

问题引导3： 常见电容器有哪些？

电容器是由两块金属电极之间夹一层绝缘电介质构成的。当在两金属电极间加上电压时，电极上就会存储电荷，所以电容器是储能元件。电容器必须在外加电压的作用下才能储存电荷。不同的电容器在电压作用下储存的电荷量可能不相同。国际上统一规定，给电容器外加1V直流电压时，它所能储存的电荷量为该电容器的电容量（即单位电压下的电量），用字母C表示。电容量的基本单位为F。

1. 电容器结构（图2-15）

电容器由两个导电的表面（极板）紧靠在一起构成，中间被绝缘体分隔开。绝缘体（电介质）可以是塑料、玻璃、纸、陶瓷和空气等。

当电压加在两个极板上时，它们就带了电荷，一个极板带了正电荷，另一个极板带负电荷。当电压被移走后，极板会保持带电状态，如果电容器极板表面积加大，就能够保持更多的电荷。其工作过程如图2-16所示。

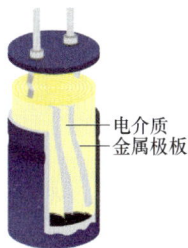

电介质
金属极板

图2-15　电容器结构

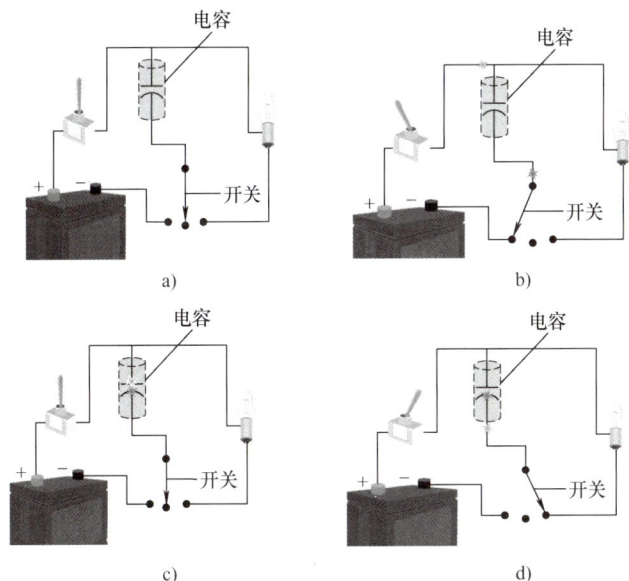

a)

b)

c)

d)

图2-16　工作过程

2. 电容器特点

1）具有充、放电特性和阻止直流电流通过、允许交流电流通过的能力。

2）在充电和放电过程中，两极板上的电荷有积累过程（即电压的建立过程），因此，电容器上的电压不能突变。

3）电容器的容抗与频率、容量成反比。

3. 电容器的作用

（1）耦合　用在耦合电路中的电容器称为耦合电容。在阻容耦合放大器和其他电容耦合电路中大量使用耦合电容电路，起隔直流、通交流的作用。

（2）滤波　用在滤波电路中的电容器称为滤波电容。在电源滤波和各种滤波器电路中使用滤波电容电路。滤波电容将一定频段内的信号从总信号中去除。

（3）退耦　用在退耦电路中的电容器称为退耦电容。在多级放大器的直流电压供给电路中使用退耦电容电路。退耦电容消除每级放大器之间的有害低频交连。

（4）高频消振　用在高频消振电路中的电容器称为高频消振电容。在音频负反馈放大器中，为了消振可能出现的高频自激采用高频消振电容电路，以消除放大器可能出现的高频啸叫。

（5）谐振　用在LC谐振电路中的电容器称为谐振电容。LC并联和串联谐振电路中都需谐振电容电路。

（6）旁路　用在旁路电路中的电容器称为旁路电容。电路中如果需要从信号中去掉某一频段的信号，可以使用旁路电容电路。根据所去掉信号频率不同，旁路电容电路分为全频域（所有交流信号）旁路电容电路和高频旁路电容电路两种。

（7）中和　用在中和电路中的电容器称为中和电容。在收音机高频和中频放大器，电视机高频放大器中，采用中和电容电路，以消除自励。

（8）定时　用在定时电路中的电容器称为定时电容。在需要通过电容充电、放电进行时间控制的电路中使用定时电容电路，电容起控制时间常数大小的作用。

（9）积分　用在积分电路中的电容器称为积分电容。在电势场扫描的同步分离电路中，采用这种积分电容电路，可以从场复合同步信号中取出场同步信号。

（10）微分　用在微分电路中的电容器称为微分电容。在触发器电路中为了得到尖顶触发信号，可采用微分电容电路，以从各类（主要是矩形脉冲）信号中得到尖顶脉冲触发信号。

（11）补偿　用在补偿电路中的电容器称为补偿电容。在卡座的低音补偿电路中使用低频补偿电容电路，以提升放音信号中的低频信号。此外，还有高频补偿电容电路。

（12）自举　用在自举电路中的电容器称为自举电容。常用的OTL功率放大器输出级电路采用自举电容电路，以通过正反馈的方式少量提升信号的正半周幅度。

（13）分频　用在分频电路中的电容器称为分频电容。在音箱的扬声器分频电路中，使用分频电容电路，以使高频扬声器工作在高频段、中频扬声器工作在中频段、低频扬声器工作在低频段。

（14）负载　与石英晶体谐振器一起决定负载谐振频率的有效外界电容称为负载电容。负载电容常用的标准值有16pF、20pF、30pF、50pF和100pF。负载电容可以根据具体情况作适当的调整，通过调整一般可以将谐振器的工作频率调到标称值。

4. 超级电容器

超级电容器是一种电容量可达数千法拉的极大容量电容器，采用双电层介质和活性炭多孔化电极。

超级电容器双电层介质在电容器的两个电极上施加电压时，在靠近电极的电介质界面上产生与电极所携带的电荷极性相反的电荷并被束缚在介质界面上，形成事实上的电容器的两个电极。很明显，两个电极的距离非常小，只有几微米。同时，活性炭多孔化电极可以获得极大的电极表面积，可以达到 $200m^2/g$。因而这种结构的超级电容器具有极大的电容量并可以存储很大的静电能量。就储能而言，超级电容器的这一特性介于传统电容器与蓄电池之间。当两个电极板间电动势低于电解液的氧化还原电极电位时，电解液界面上的电荷不会脱离电解液，超级电容器处在正常工作状态（通常在 3V 以下）。如果电容器两端电压超过电解液的氧化还原电极电位，那么，电解液将分解，处于非正常状态。随着超级电容器的放电，正、负极板上的电荷被外电路泄放，电解液界面上的电荷响应减少。由此可以看出，超级电容器的充、放电过程始终是物理过程，没有化学反应，因此性能是稳定的，与利用化学反应的蓄电池不同。

（1）超级电容器的结构简介　目前的双层结构超级电容器主要有碳电极双层电容器、金属氧化物电极双层电容器和有机聚合物电极双层电容器，但是由于金属氧化物（氧化钌）电极电容器价格高昂、有二次污染等原因，目前主要用于军事领域。有机聚合物技术尚未成熟，因此在电动汽车上广泛使用的主要是碳电极超级电容器。碳电极超级电容器的面积是基于多孔碳材料的，该材料的多孔结构允许其面积达到 $2000m^2/g$，通过一些措施还可以实现更大的表面积。碳电极超级电容器电荷分离开的距离是由被吸引到带电电极的电解质离子尺寸决定的，该距离（小于 $10mm$）比传统电容器薄膜材料所能实现的距离更小。这种庞大的表面积加上非常小的电荷分离距离使得超级电容器较传统电容器而言有巨大的静电容量。超级电容器中，多孔化电极采用的是活性炭粉或活性炭或活性炭纤维，电解液采用有机电解质，如丙烯碳酸脂或高氯酸四乙氨等。工作时，在可极化电极和电解质溶液之间界面上形成的双电层中聚集电容量，其多孔化电极在电解液中吸附电荷，因而可以存储很大的静电能量。尽管其能量密度比蓄电池低，但是这能量的储存方式有快充、快放的特点，可以应用在传统蓄电池难以解决的短时高峰值电流应用之中。双层超级电容器的结构如图 2-17 所示。

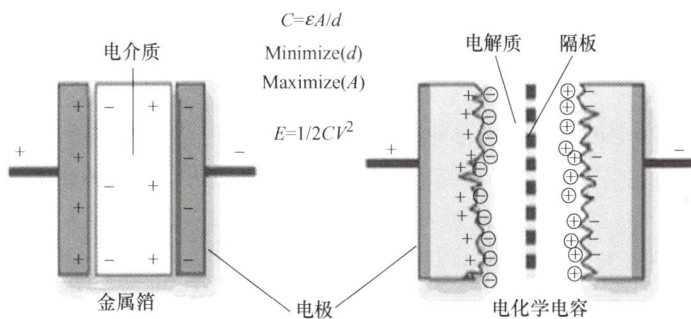

$$C=\varepsilon A/d$$
$$\text{Minimize}(d)$$
$$\text{Maximize}(A)$$
$$E=1/2CV^2$$

电介质　电解质　隔板　金属箔　电极　电化学电容

图 2-17　双层超级电容器的结构

（2）超级电容器用作新能源汽车的辅助动力源（图 2-18）　汽车频繁地起步、爬坡和制动造成其功率需求曲线的变化很大，在城市路况下更是如此。使用比功率较大的超级电容器，当瞬时功率需求较大时，由超级电容器提供尖峰功率，并且在制动回馈时吸收尖峰功率，那么就可以减轻对蓄电池、燃料电池或其他 APU 的压力，从而可以大大增加起步、加速时系统的功率输出，而且可以高效地回收大功率的制动能量。这样做还可以提高蓄电池的使用寿命，改善其放电性能。

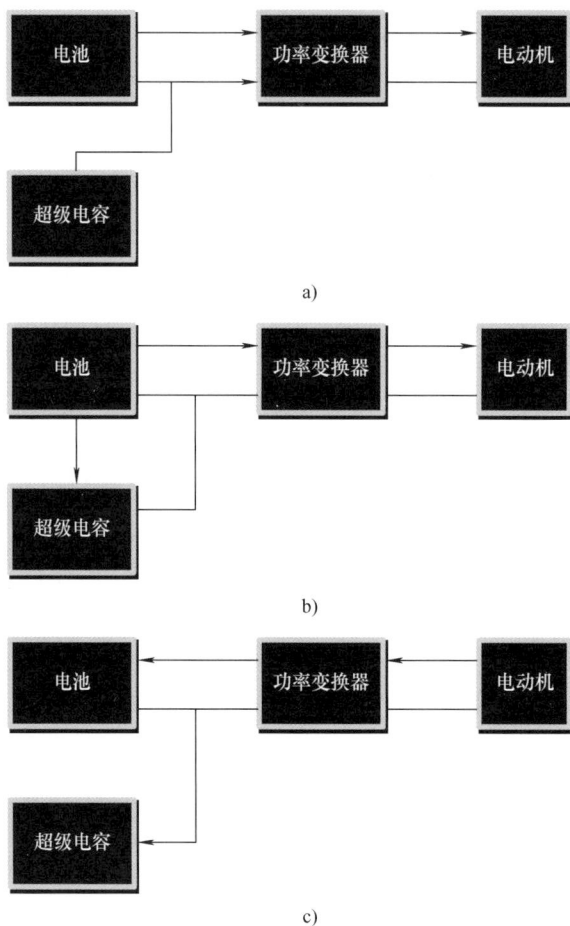

图 2-18　超级电容器用作新能源汽车的辅助动力源
a）起动、加速、爬坡（箭头代表放电方向）　b）正常行驶　c）减速制动

（3）超级电容器用做汽车部件的辅助能源　除了用于动力驱动系统外，超级电容器在汽车零部件领域也有广泛的应用。例如，蔚来汽车设计使用的 42V 电系统（转向、制动、空调、高保真音响、电动座椅等），如果使用长使用寿命的超级电容器，可以使需求功率经常变化的子系统性能大大提高，还可以减少车内用于电制动、电转向等子系统的布线，同时减少汽车子系统对蓄电池的功率消耗，延长蓄电池的使用时间。

学习任务 2　电子元器件认知

学习目标：了解电子元器件的基础知识。
能力目标：培养学生搜集和整理相关资料的能力。

知识准备

电子元件有二极管、晶体管、晶闸管、IGBT 元件等，其中 IGBT 元件是纯电动汽车中最重要的元件。

问题引导1： **二极管的特性有哪些？**

二极管是一种具有两个电极的装置（图2-19），只允许电流单方向流过，主要应用的是其整流的功能。变容二极管可用来当作电子式的可调电容器。

图2-19 二极管

1. 二极管的特性

（1）正向性 外加正向电压时，正向特性起始部分的正向电压很小，不足以克服 PN 结内电场的阻挡作用，正向电流几乎为零，这一段称为死区。这个不能使二极管导通的正向电压称为死区电压。当正向电压大于死区电压时，PN 结内电场被克服，二极管正向导通，电流随电压增大而迅速上升。在正常使用的电流范围内，导通时二极管的端电压几乎维持不变，这个电压称为二极管的正向电压。当二极管两端的正向电压超过一定数值 U_{th} 时，内电场很快被削弱，特性电流迅速增大，二极管正向导通。U_{th} 称为门槛电压或阈值电压，硅管约为 0.5V，锗管约为 0.1V。硅二极管的正向导通电压降为 0.6~0.8V，锗二极管的正向导通压降为 0.2~0.3V。

（2）反向性 外加反向电压不超过一定范围时，通过二极管的电流是少数载流子漂移运动所形成的反向电流。由于反向电流很小，所以二极管处于截止状态。这个反向电流又称为反向饱和电流或漏电流。二极管的反向饱和电流受温度影响很大。一般硅管的反向电流比锗管小得多，小功率硅管的反向饱和电流在 nA 数量级，小功率锗管在 μA 数量级。温度升高时，半导体受热激发，少数载流子数目增加，反向饱和电流随之增加。

外加反向电压超过某一数值时，反向电流会突然增大，这种现象称为电击穿。引起电击穿的临界电压称为二极管反向击穿电压。电击穿时，二极管失去单向导电性。如果二极管没有因电击穿而引起过热，则单向导电性不一定会被永久破坏，在撤除外加电压后，其性能仍可恢复，否则二极管就损坏了，因而使用时应避免二极管外加的反向电压过高。

反向击穿按机理分为齐纳击穿和雪崩击穿两种情况。在高掺杂浓度的情况下，因势垒区宽度很小，反向电压较大时，破坏了势垒区内共价键结构，使价电子脱离共价键束缚，产生电子-空穴对，致使电流急剧增大，这种击穿称为齐纳击穿。若掺杂浓度较低，势垒区宽度较宽，是不容易产生齐纳击穿的。当反向电压增加到较大数值时，外加电场使电子漂移速度加快，从而与共价键中的价电子相碰撞，把价电子撞出共价键，产生新的电子-空穴对。新产生的电子-空穴对被电场加速后又撞出其他价电子，载流子雪崩式地增加，致使电流急剧增大，这种击穿称为雪崩击穿。无论哪种击穿，若对其电流不加限制，都可能造成 PN 结永久性损坏。

（3）特性曲线（图 2-20） 硅二极管（不发光类型）正向管压降为 0.7V，锗管正向管压降为 0.3V，发光二极管正向管压降会随发光颜色不同而不同。发光二极管发光颜色主要有 3 种，具体压降参考值如下：红色发光二极管的电压降为 2.0 ~ 2.2V，黄色发光二极管的电压降为 1.8 ~ 2.0V，绿色发光二极管的电压降为 3.0 ~ 3.2V，正常发光时的额定电流约为 20mA。二极管的电压与电流不是线性关系的，所以在将不同的二极管并联时要接相适应的电阻。与 PN 结一样，二极管具有单向导电性。

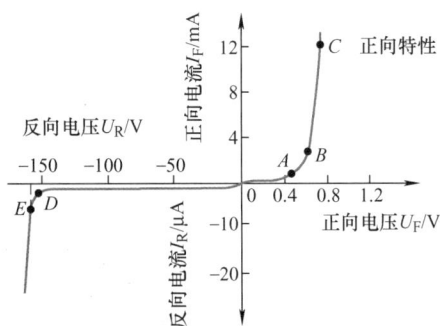

图 2-20　二极管的特性曲线

在二极管加有正向电压时，若电压值较小，则电流极小；当电压超过 0.6V 时，电流开始按指数规律增大，通常称此为二极管的开启电压。当电压达到约 0.7V 时，二极管处于完全导通状态，通常此电压称为二极管的导通电压，用符号 U_D 表示。对于锗二极管，开启电压为 0.2V，导通电压 U_D 约为 0.3V。在二极管加有反向电压时，若电压值较小，则电流极小，其电流值为反向饱和电流 I_S。当反向电压超过某个值时，电流开始急剧增大，称为反向击穿，此电压称为二极管的反向击穿电压，用符号 U_{BR} 表示。不同型号的二极管的击穿电压 U_{BR} 值差别很大，从几十伏到几千伏。

2. 二极管的作用（图 2-21）

二极管是最常用的电子元件之一，它最大的特性就是单向导电性，也就是电流只可以从二极管的一个方向流过。二极管的作用有整流、检波、稳压和调制。

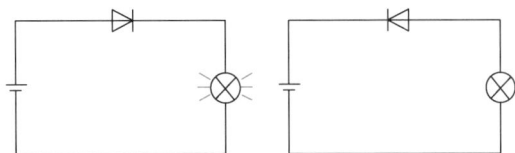

图 2-21　二极管的作用

3. 二极管的工作原理

晶体二极管为一个由 P 型半导体和 N 型半导体形成的 PN 结，在其界面处两侧形成空间电荷层，并建有自建电场。当不存在外加电压时，二极管因 PN 结两边载流子浓度差引起的扩散电流和自建电场引起的漂移电流相等而处于电平衡状态。当外界有正向电压偏置时，外界电场和自建电场的互相抵消作用使载流子的扩散电流增加引起了正向电流。当外界有反向电压偏置时，外界电场和自建电场进一步加强，形成在一定反向电压范围内与反向偏置电压值无关的反向饱和电流。当外加的反向电压高到一定数值时，PN 结空间电荷层中的电场强度达到临界值产生载流子的倍增过程，产生大量电子-空穴对，产生了数值很大的反向击穿电流，二极管被击穿。

4. 二极管的种类（图 2-22）

二极管的种类很多，按照所用的半导体材料不同，可分为锗二极管（Ge 管）和硅二极管（Si 管）；根据其用途不同，可分为检波二极管、整流二极管、稳压二极管、开关二极管、隔离二极管、肖特基二极管、发光二极管、硅功率开关二极管、旋转二极管等；按照管芯结构不同，可分为点接触型二极管、面接触型二极管及平面型二极管。其中，点接触型二极管是用一根很细的金属丝压在光洁的半导体晶片表面，通以脉冲电流，使触丝一端与晶片牢固地烧结在一起，形成一个 PN 结；面接触型二极

图 2-22　二极管的种类

管的 PN 结面积较大，允许通过较大的电流（几安到几十安），主要用于把交流电变换成直流电的整流电路中；平面型二极管是一种特制的硅二极管，它不仅能通过较大的电流，而且性能稳定可靠，多用于开关、脉冲及高频电路中。

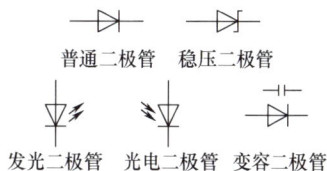

5. 二极管的检测方法

（1）小功率二极管（图 2-23）的检测

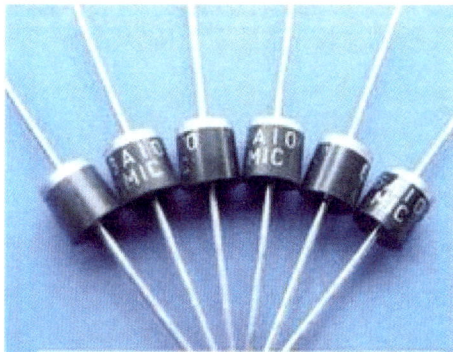

图 2-23　小功率二极管

二极管的测量

1）判别正、负电极（4 种类型）。

① 观察外壳上的符号标记。通常在二极管的外壳上标有二极管的符号，带有三角形箭头的一端为正极，另一端为负极。

② 观察外壳上的色点。在点接触二极管的外壳上，通常标有极性色点（白色或红色）。一般标有色点的一端为正极。还有的二极管上标有色环，带色环的一端为负极。

③ 以阻值较小的一次测量为准，黑表笔所接的一端为正极，红表笔所接的一端则为负极。

④ 观察二极管外壳，带有银色带一端为负极。

2）检测最高反向击穿电压　对于交流电来说，因为不断变化，因此最高反向工作电压

就是二极管承受的交流峰值电压。

（2）双向触发二极管的检测　将万用表置于相应的直流电压档测出 V_{BO}、V_{BR} 值。将 V_{BO} 与 V_{BR} 进行比较，两者的绝对值之差越小，说明被测双向触发二极管的对称性越好。

（3）瞬态电压抑制二极管（TVS）的检测　用万用表测量二极管的好坏，对于单向极型的 TVS，按照测量普通二极管的方法可测出其正、反向电阻，一般正向电阻为 4kΩ 左右，反向电阻为无穷大；对于双向极型的 TVS，任意调换红、黑表笔测量其两引脚间的电阻值，均应为无穷大，否则，说明二极管的性能不良或已经损坏。

（4）高频变阻二极管的检测　正、负极高频变阻二极管与普通二极管在外观上的区别是其色标颜色不同，普通二极管的色标颜色一般为黑色，而高频变阻二极管的色标颜色为浅色。其极性规律与普通二极管相似，即带绿色环的一端为负极，不带绿色环的一端为正极。

（5）变容二极管的检测　将万用表红、黑表笔对调测量，变容二极管的两引脚间的电阻值均应为无穷大。如果在测量中，发现万用表指针向右有轻微摆动或阻值为零，说明被测变容二极管有漏电故障或已经击穿。

（6）单色发光二极管的检测　在万用表外部附接一节能 1.5V 干电池，将万用表置于 R×10 或 R×100 档。这种接法相当于给予万用表串接上了 1.5V 的电压，使检测电压增加至 3V（发光二极管的开启电压为 2V）。检测时，用万用表两表笔轮换接触发光二极管的两管脚。若二极管性能良好，必定有一次能正常发光，此时，黑表笔所接的为正极，红表笔所接的为负极。

（7）红外发光二极管的检测

1）判别红外发光二极管的正、负电极。红外发光二极管有两个引脚，通常长引脚为正极、短引脚为负极。因红外发光二极管呈透明状，所以管壳内的电极清晰可见，内部电极较宽、较大的一个为负极，而较窄且小的一个为正极。

2）测量红外发光二极管的正、反向电阻。通常正向电阻在 30kΩ 左右，反向电阻在 500kΩ 以上，这样的二极管能正常使用。

（8）红外接收二极管的检测

1）识别管脚极性。从外观上识别，常见的红外接收二极管外观颜色呈黑色。识别引脚时，面对受光窗口，左、右分别为正极和负极。另外，在红外接收二极管的管体顶端有一个小斜切平面。通常带有此斜切平面一端的引脚为负极，另一端为正极。

先用万用表判别普通二极管正、负电极的方法进行检查，即交换红、黑表笔，两次测量二极管两引脚间的电阻值。正常时，所得阻值应为一大一小。以阻值较小的一次为准，红表笔所接的管脚为负极，黑表笔所接的管脚为正极。

2）检测性能好坏，用万用表电阻档测量红外接收二极管正、反向电阻，根据正、反向电阻值的大小即可初步判定红外接收二极管的好坏。

6. 二极管的性能指标

用来表示二极管的性能好坏和适用范围的技术指标，称为二极管的参数。不同类型的二极管有不同的特性参数。

（1）最大整流电流 I_F　I_F 指二极管长期连续工作时，允许通过的最大正向平均电流值，其值与 PN 结面积及外部散热条件等有关。因为电流通过二极管时会使管芯发热，温度上升，温度超过容许限度（硅管为 141℃ 左右，锗管为 90℃ 左右）时，就会使管芯过热而损坏。所以在规定散热条件下，二极管使用中电流不要超过二极管最大整流电流值。例如，常用的 IN4001－4007 型锗二极管的额定正向工作电流为 1A。

（2）最高反向工作电压 U_{drm} 加在二极管两端的反向电压高到一定值时，会将二极管击穿，使其失去单向导电能力。为了保证使用安全，规定了最高反向工作电压值。例如，IN4001 二极管反向耐压为 50V，IN4007 反向耐压为 1000V。

（3）反向电流 I_{drm} 反向电流指二极管在常温（25℃）和最高反向电压作用下，流过二极管的反向电流。反向电流越小，二极管的单方向导电性能越好。值得注意的是反向电流与温度有着密切的关系，大约温度每升高 10℃，反向电流增大一倍。例如，2AP1 型锗二极管，在 25℃ 时反向电流为 250μA，温度升高到 35℃ 时，反向电流将上升到 500μA，依此类推，在 75℃ 时，它的反向电流已达 8mA，不仅失去了单方向导电特性，还会使二极管过热而损坏。又如，2CP10 型硅二极管，25℃ 时反向电流仅为 5μA，温度升高到 75℃ 时，反向电流为 160μA。故硅二极管比锗二极管在高温下具有较好的稳定性。

（4）动态电阻 R_{d} 二极管特性曲线静态工作点 Q 附近电压的变化与相应电流的变化量之比。

（5）最高工作频率 F_{m} F_{m} 是二极管工作的上限频率。因二极管与 PN 结一样，其结电容由势垒电容组成，所以 F_{m} 的值主要取决于 PN 结结电容的大小。若超过此值，则其单向导电性将受影响。

（6）电压温度系数 半导体电压随温度的变化而变化，这种变化的系数，称为电压温度系数，法定单位是伏特每开尔文（V/K）。常用的法定计量单位还有毫伏每摄氏度（mV/℃），$1\mathrm{mV}/℃ = 10^{-3}\mathrm{V/K}$。

温度的变化，必然使物质的击穿电压发生变化。击穿电压的变化量与温度的变化量之比，称为击穿电压温度系数，法定主单位是伏特每开尔文（V/K）。

问题引导 2： 晶体管的特性有哪些？

汽车 ECU 控制、导航、车载充电器插口、负离子冷气里面都有晶体管，有些是直插的，但大多是贴片式的。电动汽车控制器里的晶体管属于脉宽调制管，负责降压。在汽车电子电路中，主要应用晶体管的开关作用，ECU 通过控制晶体管的基极而控制晶体管截止或者饱和导通，实现对某个执行元件的控制。现实中，ECU 内采用高度集成的控制芯片。

1. 晶体管的结构和参数（图 2-24）

晶体管由两个相距很近的 PN 结组成，是在一块半导体晶片上制造 3 个掺杂区，形成两个 PN 结，再引出 3 个电极，用管壳封装而成。

（1）晶体管的结构 晶体管由 P 型和 N 型材料组合的 3 层材料制成。按照两个 PN 结的组合方式不同，晶体管可分为 NPN 型（图 2-25a）和 PNP 型（图 2-25b）两种。实际上，一个晶体管是拥有共同中间层的两个二极管。

（2）晶体管的基本参数 晶体管的性能可以用参数来进行描述，晶体管的参数是工程实践中选用晶体管的主要依据，各种参数均可在晶体管手册中查到。

1）电流放大倍数 β。晶体管在有输入信号的情况下，输出信号的电流变化与输入信号的电流变化之比，称为电流放大倍数，即一般简称的晶体管放大倍数。电流放大倍数决定了晶体管的基本放大能力。

27

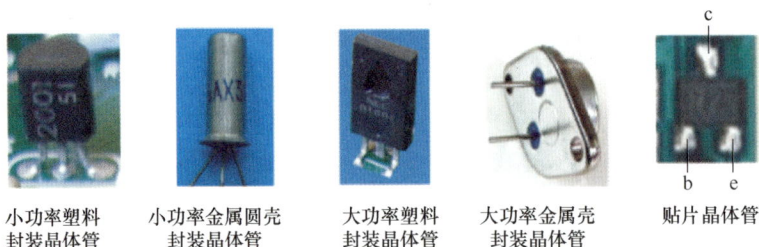

图 2-24　晶体管的结构和参数

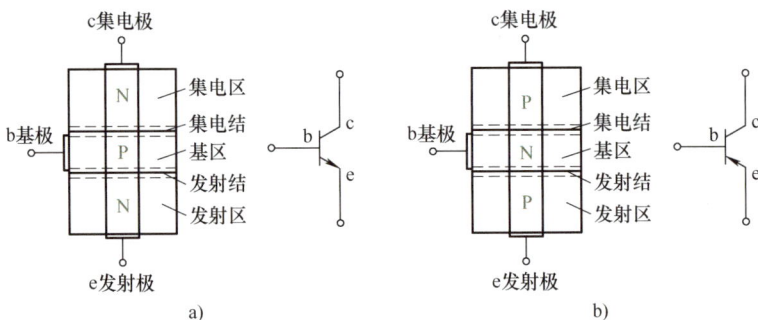

a)　　　　　　　　　　　　　b)

图 2-25　晶体管的结构

2）穿透电流 I_{CEO}。当基极 b 开路时，集电极 c、发射极 e 之间加上一定电压时，ce 之间并不是没有电流流过，只是流过的电流很小，称为穿透电流 I_{CEO}。晶体管的穿透电流越小，质量越好。

3）极限参数。使晶体管得到充分利用而又安全可靠工作的参数，称为极限参数。

a）集电极最大允许电流 I_{CM}。集电极电流的上升会引起电流放大倍数的下降，通常 β 值下降到正常值的 2/3 时所对应的集电极电流称为集电极最大允许电流 I_{CM}。i_c 超过 I_{CM} 时，晶体管不一定损坏，但放大能力会下降。

b）集电极最大允许耗散功率 P_{CM}。集电极耗散功率指集电极流过的电流与加载的电压的乘积。当集电极耗散功率上升时，晶体管发热，温度上升，性能下降，甚至损坏。P_{CM} 指集电结温度不超过允许值（手册上有规定）时，集电极所允许的最大功耗。

c）反向击穿电压。晶体管工作时，加在任何两个电极之间的反向电压超过一定值时，都会产生很大电流，从而导致晶体管损坏。$U_{(BR)CEO}$ 是指基极开路时，集电极与发射极之间的击穿电压值。除此之外，还有 $U_{(BR)EBO}$、$U_{(BR)CEO}$ 等，均可在手册中查出。I_{CM}、P_{CM}、$U_{(BR)CEO}$ 是晶体管的极限参数，使用时不允许超过它，这 3 个参数共同确定了晶体管的安全工作区域。

2. 晶体管的 3 种工作状态

晶体管根据连接的外部电路条件，有 3 种工作状态。

（1）截止　基极加了反向偏压，在这种状态下，晶体管不导通，没有电流流动，称为晶体管的截止状态。如果把 ce 看作一个开关的两端，截止状态相当于开关断开。对于 PNP 型晶体管，发射极 e 与基极 b 电位差小于 0.3V（图 2-26），基极加了反向偏压，

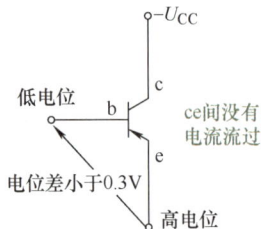

图 2-26　PNP 型晶体管的截止状态

PNP 晶体管截止。

（2）放大　基极加了正向偏压，在这种状态下，晶体管导通，集电极 c 向发射极 e 有电流，而且流过的电流的大小与基极 b 流入的电流成正比，称为晶体管的放大状态（图 2-27）。

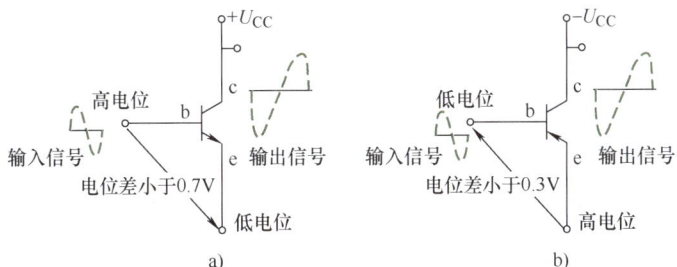

图 2-27　晶体管的放大状态
a) NPN 型　b) PNP 型

（3）饱和　在放大状态，晶体管 ce 之间的电流是随着基极 b 的电流增大而增大的。但是，当晶体管的基极电流增大到一定值时，再增大正向偏压、加大基极电流，ce 之间的电流维持在一个最大值而不再增大了，这种状态称为晶体管的饱和状态。在饱和状态，晶体管 ce 之间电位差很小，几乎为零，相当于一个开关的两端闭合。在分析汽车电路时，如果遇到晶体管饱和的状态，可认为 c、e 电位相等。

3. 晶体管的检测

（1）管型与管脚的判别

1）目测法。

晶体管的测量

a）管型的判别。一般情况下，管型可以从管壳上标注的型号来判别。依照部颁标准，晶体管型号的第 2 位（字母）：A、C 表示 PNP 管，B、D 表示 NPN 管。

b）管脚极性的判别。常用的小功率晶体管有金属圆壳封装和塑料封装（半圆柱形）等。大功率晶体管的外形有金属壳封装（扁柱形）以及塑料封装（扁平、管脚直列）等形式。

2）用万用表电阻档判别。

a）基极的判别。用指针式万用表的黑表笔接假定的基极，用红表笔分别接触另外两个极。若测得电阻都较小，约为几百欧至几千欧；将红、黑表笔对调，测得电阻都较大，约为几百千欧以上，则晶体管为 NPN 型，最初黑表笔接的就是基极。

用指针式万用表的黑表笔接假定的基极，用红表笔分别接触另外两个极。若测得电阻都较大，约为几百千欧以上；将红、黑表笔对调，测得电阻都较小，约为几百欧至几千欧，则晶体管为 PNP 型，最初黑表笔接的就是基极。

b）集电极和发射极的判别。对于 NPN 型晶体管，确定基极后，用指针式万用表的两个表笔分别接触另两个管脚，同时用指尖轻触基极，观察万用表指针摆动情况；将两个表笔对调，重复上述过程。取指针摆动较大一次的表笔接触位置，黑表笔接触的是集电极 c，红表笔接触的是发射极 e。

对于 PNP 型晶体管，确定基极后，用指针式万用表的两个表笔分别接触另两个管脚，同时用指尖轻触基极，观察万用表指针摆动情况；将两个表笔对调，重复上述过程。取指针

摆动较大一次的表笔接触位置，黑表笔接触的是发射极 e，红表笔接触的是集电极 c。

（2）晶体管好坏的判断　测得晶体管正向阻值很大时，表明晶体管开路；如果测得反向电阻值很小，或 c、e 极间的电阻值接近零，说明晶体管短路或已击穿。如果测得 c、e 极间的电阻值很小，则表明晶体管的穿透电流过大，已不能使用。也可以测量晶体管直流电压来判断，短接基极与发射极，如果集电极电压不变化或低于电源电压，表示晶体管漏电或已击穿，检测 NPN 型晶体管放大器的直流工作状态时，可以测 U_b、U_e、U_c。U_b 应比 V_e 高约 0.7V，即 $U_{be}=0.7V$，这可作为判断晶体管好坏的依据。另外，汽车电路中用 NPN 型晶体管作振荡器，正常时基极电压应比发射极电压低。但上述测量是用指针式万用表在晶体管的空脚上进行的，如果晶体管是焊在电路上，应考虑并联处电路的影响，不能仅以电阻值来判断晶体管的好坏。

4. 晶体管放大电路在汽车电子电路中的应用

（1）晶体管的基本放大电路　按照晶体管处于放大状态的条件构成晶体管基本放大电路，如图 2-28 所示。

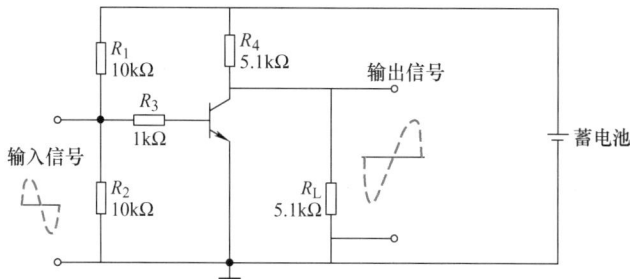

图 2-28　晶体管的基本放大电路

信号经过晶体管放大，在放大电路中发生了 3 个变化：输入电压信号被放大、输入电流被放大、输出波形反转 180°。晶体管最主要的功能是放大，在汽车电子电路中，主要用来对微弱信号进行放大。图 2-29 所示为利用晶体管的放大特性制作的汽车电路搭铁（短路）探测器。

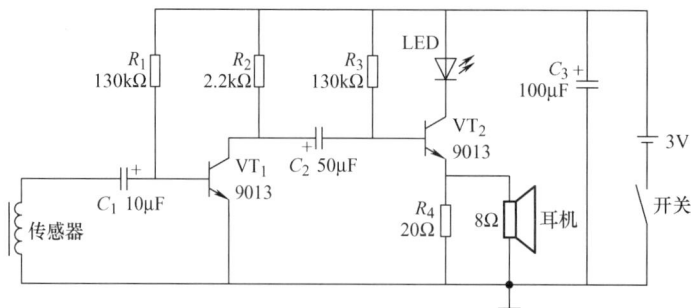

图 2-29　汽车电路搭铁（短路）探测器

（2）晶体管开关电路在汽车电子电路中的应用

1）NPN 晶体管开关电路。晶体管在基极电流控制下，在截止与饱和两种状态交替变换，就如同一个开关的断开与闭合状态交替变换一样。图 2-30 所示为 NPN 型晶体管开关电路。图 2-31 所示为舌簧管开关式液位传感器。

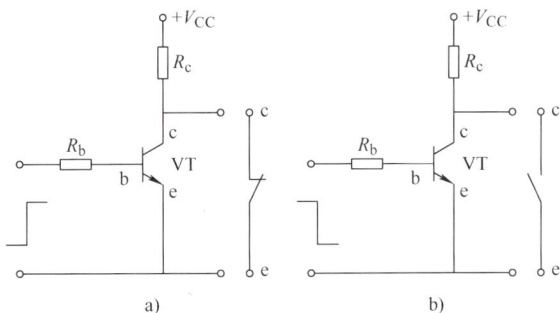

图 2-30　NPN 型晶体管开关电路

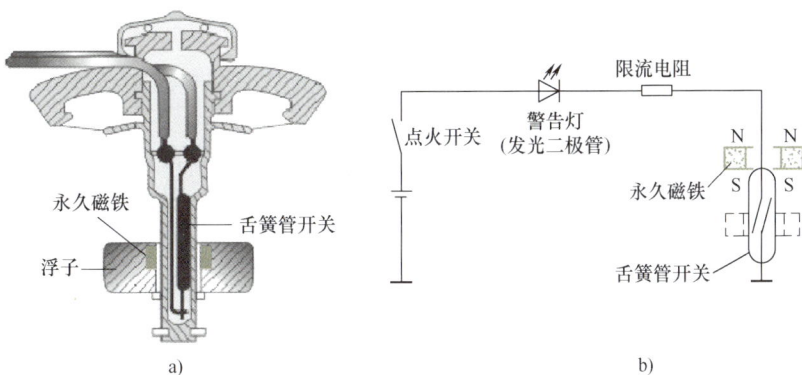

图 2-31　舌簧管开关式液位传感器
a）结构图　b）应用电路

2）PNP 晶体管开关电路。PNP 型晶体管的开关电路与 NPN 型晶体管开关电路的组成和工作原理类似，只是加在基极 b 上的控制信号要低于发射极电位。

（3）晶体管构成的多谐振荡器及其在汽车电子电路中的应用　多谐振荡器电路是由晶体管放大电路和将晶体管集电极输出信号反传给晶体管基极的正反馈电路组成的，如图 2-32 所示。这种电路一般都画成左右对称的形式，在电路中比较容易辨认。

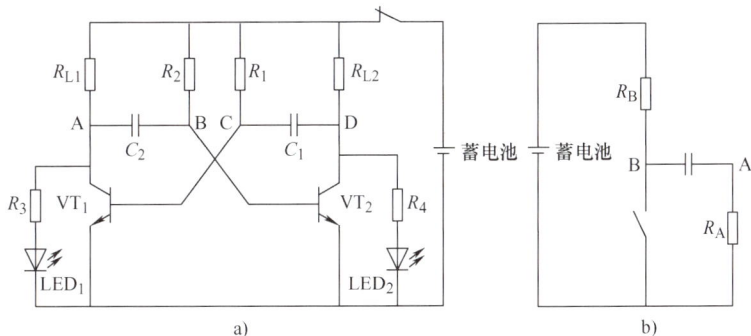

图 2-32　多谐振荡器电路
a）实际电路　b）理想电路

多谐振荡器在汽车中的应用：

1）电子式闪光器。SG31 型全电子式闪光器电路如图 2-33 所示，改变电阻 R_2、R_3 和电容器 C 的大小以及 VT_3 的 β 值，即可改变闪光频率。

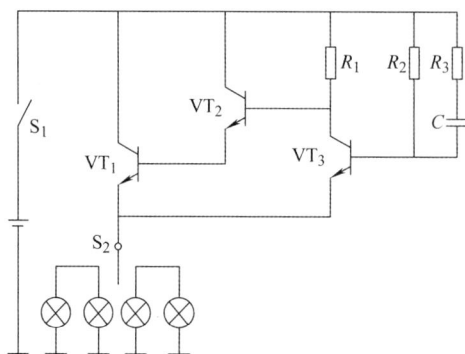

图 2-33　SG31 型全电子式闪光器电路

2）电子式电喇叭。电子式电喇叭即无触点电喇叭，它具有音色和音量稳定且易调整、故障少等优点，因而在现代汽车上使用得越来越广泛。电子式电喇叭主要由多谐振荡器及功率放大器组成，其电路如图 2-34 所示，VT_1、VT_2、VT_3 构成了多谐振荡器。

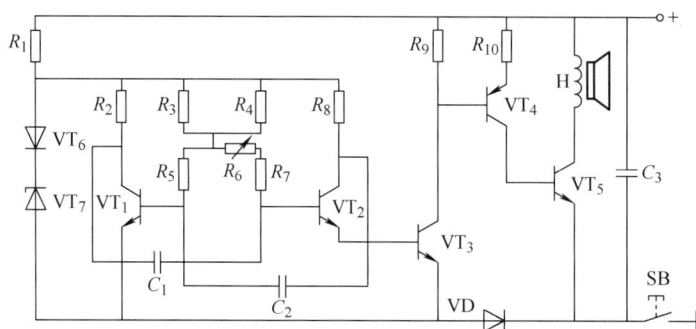

图 2-34　电子式电喇叭电路

3）间歇式电动刮水器。图 2-35 所示为多谐振荡器控制的间歇式电动刮水器电路。其中 R_1 和 C_1 决定继电器 K_1 的通电时间；R_2 和 C_2 决定继电器 K 的断电时间。当刮水器开关置于 0（空）位时，若接通间歇开关，多谐振荡器工作，做周期性翻转。

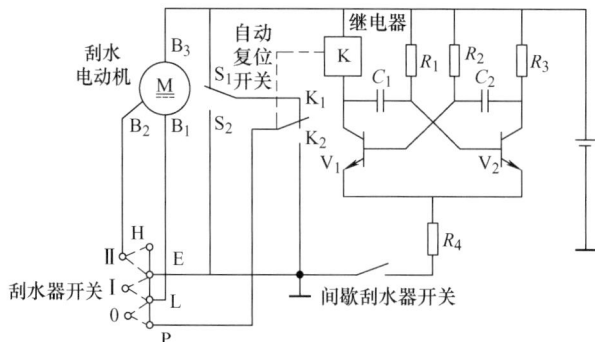

图 2-35　间歇式电动刮水器电路

问题引导3： 晶闸管的特性有哪些？

晶闸管从外观上看与晶体管没有什么区别，是一种仅有开关功能（导通或阻断）的硅半导体元件，其结构示意图和符号如图 2-36 所示。

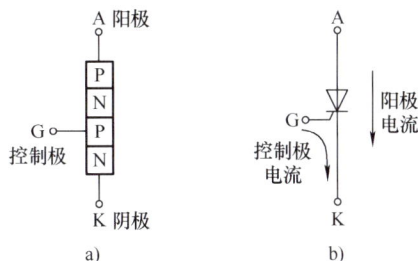

图 2-36　晶闸管
a）结构示意图　b）符号

问题引导4： 场效应晶体管的特性有哪些？

场效应晶体管（MOSFET）由金属—氧化物—半导体制成，简称 MOS 管。MOS 管的结构及符号如图 2-37 所示，其引出的 3 个电极分别为栅极 G、漏极 D 和源极 S。

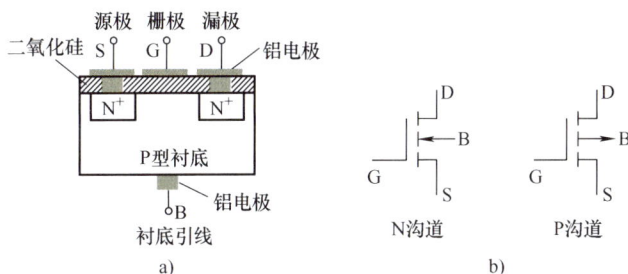

图 2-37　场效应晶体管
a）N 沟道 MOS 管结构示意图　b）MOS 管符号

1. 场效应晶体管的结构与工作原理

场效应晶体管（MOSFET）种类繁多，按导电沟道可分为 P 沟道和 N 沟道两种类型。当栅极 G 电压为零时，漏、源极间存在导电沟道的称为耗尽型；当栅极 G 电压大于（小于）零时漏、源极间才存在导电沟道的称为增强型。在功率 MOSFET 中，应用较多的是 N 沟道增强型。功率 MOSFET 导电机理与小功率 MOS 管相同，但在结构上有较多区别。小功率 MOS 管是一次扩散形成的器件，其导电沟道平行于芯片表面，是横向导电器件。功率 MOS-FET 大都采用垂直导电结构，这种结构能大大提高器件的耐压和通流能力。

当栅、源极间电压为零时，若漏极、源极间加正电源，P 区与 N 区之间形成的 PN 结反偏，漏极、源极之间无电流流过，如图 2-38a 所示。若在栅极、源极间加正电压，因为栅极是绝缘的，所以不会有栅极电流流过，但栅极的正电压会将其下面 P 区中的空穴推开，而将 P 区中的电子吸引到栅极下面的 P 区表面，如图 2-38b 所示。当栅、源极间电压大于开启电压（也称阈值电压，典型值为 2～4V）时，栅极下 P 区表面的电子浓度将超过空穴浓度，

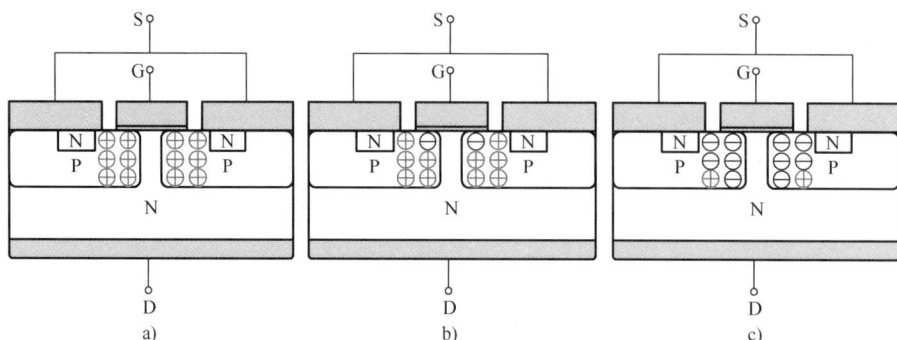

图 2-38　功率 MOSFET 导电机理

使 P 型半导体反型成 N 型而成为反型层。该反型层形成 N 沟道而使 PN 结消失，漏极和源极导电，如图 2-38c 所示。栅源电压越高，反型层越厚，导电沟道越宽，则漏极电流越大。漏极电流不仅受到栅源电压的控制，而且与漏源电压密切相关。以栅源电压为参变量，反映漏极电流与漏极电压间关系的曲线族称为 MOSFET 的输出特性。漏极电流和栅源电压的关系曲线反映了输入控制电压与输出电流的关系，称为 MOSFET 的转移特性，如图 2-39a 所示。

功率 MOSFET 输出特性如图 2-39b 所示，由图可以看到输出特性分为 3 个工作区：截止区、饱和区和非饱和区。

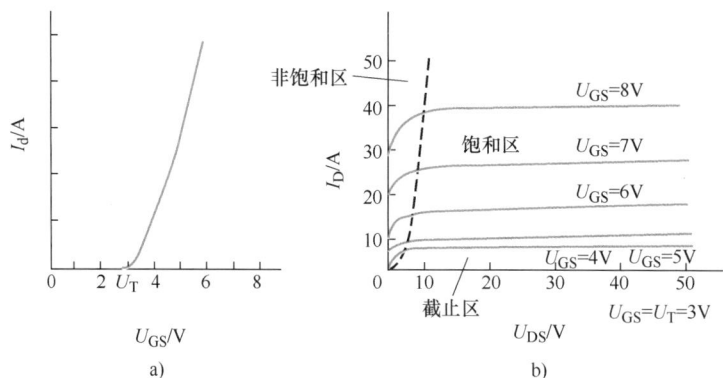

图 2-39　功率 MOSFET 的转移特性及输出特性

1）截止区，$U_{GS} < U_T$，$I_D = 0$。

2）饱和区，或称为有源区，$U_{GS} > U_T$。在该区中当 u_{GS} 不变时，I_D 几乎不随 u_{DS} 的增大而加大，近似于一个常数，故称为饱和区。当用于开关工作时，MOSFET 在此区内运行。

3）非饱和区，或称为可调电阻区，这时漏源电压 U_{DS} 与漏极电流 I_D 之比近似为常数，而几乎与 U_{GS} 无关。当功率 MOSFET 作为线性放大时，应工作在此区。

2. MOSFET 的开关特性

图 2-40 是用来测试 MOSFET 开关特性的电路。图中 R_s 为信号源内阻，R_G 为栅极电阻，R_L 为漏极负载电阻，R_F 用于检测漏极电流，u_{GS} 是栅源电压波形，i_D 是漏极电流波形，$t_{d(on)}$ 是开通延迟时间，t_r 是上升时间，$t_{d(off)}$ 是关断延迟时间，t_f 是下降时间，U_p 为矩形波信号源。MOSFET 的开通时间 t_{on} 为开通延迟时间 $t_{d(on)}$ 与上升时间 t_r 之和，关断时间 t_{off} 为开通延迟时间 $t_{d(off)}$ 与下降时间 t_f 之和。

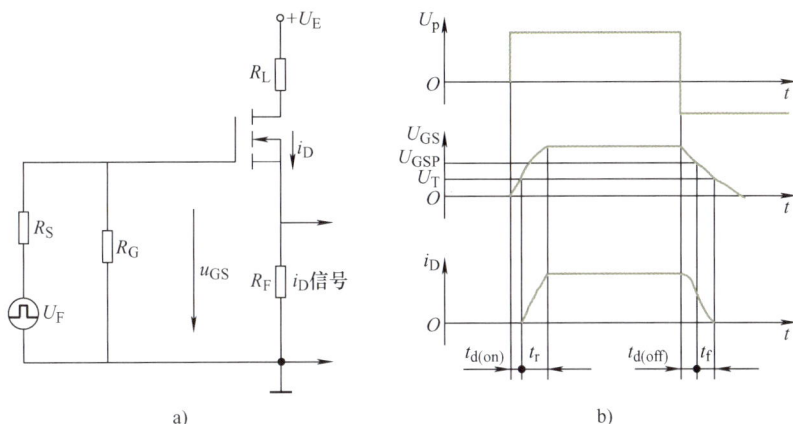

图 2-40　功率 MOSFET 的开关过程

a）测试电路　b）P – MOSFET 的开关特性曲线

3. 主要参数

（1）漏、源击穿电压　U_{DSS} 通常为结温在 25 ~ 150℃ 时漏、源极的击穿电压，该参数限制了 MOSFET 的最高工作电压。常用的 MOSFET 的 U_{DSS} 通常在 1000V 以下，尤其以 500V 及以下器件的各项性能最佳。需要注意的是常用的 MOSFET 的漏、源击穿电压具有正温度系数，因此在温度低于测试条件时，U_{DSS} 会低于产品手册数据。

（2）漏极连续电流额定值和漏极脉冲电流峰值　这是标称功率 MOSFET 电流额定的参数。一般情况下，I_{DM} 是 I_D 的 2 ~ 4 倍。工作温度对器件的漏极电流影响很大，生产企业通常也会给出不同壳温下允许的漏极连续电流变化情况。在实际器件参数计算时，必须考虑其损耗及散热情况下的壳温，由此核算器件的电流定额。通常在壳温为 80 ~ 90℃ 时，器件可用的连续工作电流只有 $T_C = 25℃$ 额定值 I_D 的 60% ~ 70%。

（3）漏、源通态电阻 $R_{DS(on)}$　该参数是在栅、源极间施加一定电压（10 ~ 15V）时，漏、源极间的导通电阻。漏、源通态电阻 $R_{DS(on)}$ 直接影响器件的通态电压降及损耗。通常额定电压低、电流大的器件的 $R_{DS(on)}$ 较小，此外，$R_{DS(on)}$ 还与驱动电压及结温有关。增大驱动电压可以减小 $R_{DS(on)}$。$R_{DS(on)}$ 具有正的温度系数，随着结温的升高而增加，这一特性使 MOS-FET 并联运行较为容易。

（4）栅、源击穿电压 U_{GSS}　由于栅源之间的 SiO_2 绝缘层很薄，当栅、源电压 $|U_{GS}| > 20V$ 时将导致绝缘层被击穿。因此，在焊接、驱动等方面必须注意。

（5）跨导 G_{fs}　在规定的工作点下，MOSFET 转移特性曲线的斜率称为该器件的跨导，即

$$G_{fs} = \frac{dI_D}{dU_{GS}} \qquad (2-1)$$

（6）极间电容　MOSFET 的 3 个电极之间分别存在极间电容 C_{GS}、C_{GD} 和 C_{DS}。一般生产企业提供的是漏、源极短路时的输入电容 C_{iss}、共源极输出电容 C_{oss} 和反向转移电容 C_{rss}。它们之间的关系是

$$C_{iss} = C_{GS} + C_{GD} \qquad (2-2)$$

$$C_{rss} = C_{GD} \qquad (2-3)$$

$$C_{oss} = C_{GD} + C_{DS} \qquad (2-4)$$

尽管功率 MOSFET 用栅源间电压驱动，阻抗很高，但由于存在输入电容C_{iss}，开关过程中驱动电路要对输入电容充放电。这样用作高频开关时，驱动电路必须具有很低的内阻抗及一定的驱动电流能力。

问题引导 5： **IGBT 的特性有哪些?**

电动汽车中需要用到大量的绝缘栅双极型晶体管（IGBT），它是电动汽车中的核心器件之一，是动力系统的重要组成部分。IGBT 主要应用于以下两个子系统中：①电动控制系统，大功率直流/交流（DC/AC）逆变后驱动汽车电动机；②车载空调控制系统，小功率直流/交流（DC/AC）逆变，使用电流较小的 IGBT 元件。

1. IGBT 的外形和符号

IGBT 是一个由施加于栅极的电压控制的开关晶体管。IGBT 靠电导调制来降低导通损耗。IGBT 具有高输入阻抗和快速的开启速度，而其导通电压降和电流承载能力与双极型晶体管相同，但开关速度更快。绝缘栅双极型晶体管 IGBT 是由 BJT（双极型晶体管）和功率 MOS 管组成的复合全控型电压驱动式功率半导体器件，兼有 MOSFET 的高输入阻抗和 BJT 的低导通压降两方面的优点。IGBT 有集电极 C、栅极 G、发射极 E 3 个电极，如图 2-41 所示。

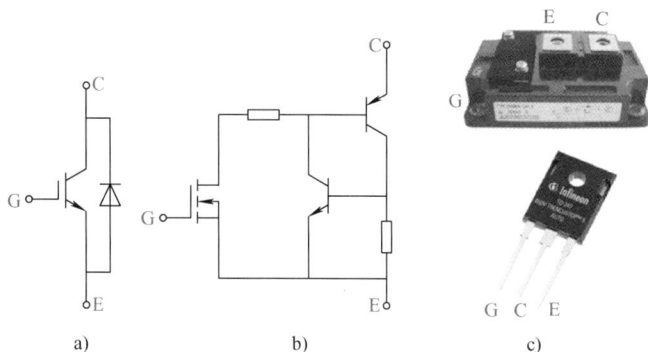

图 2-41　IGBT 的外形和符号

a）符号　b）等效电路　c）外形

2. IGBT 基本特性

1）静态特性。图 2-42a 所示为 IGBT 的转移特性。它描述的是集电极电流I_{C}与栅射电压U_{GE}之间的关系，与 MOSFET 的转移特性类似。开启电压$U_{\text{GE(th)}}$是 IGBT 能实现电导调制而导通的最低栅射电压。$U_{\text{GE(th)}}$随温度升高而略有下降，温度每升高 1℃，其值下降 5mV 左右。在 25℃时，$U_{\text{GE(th)}}$的值一般为 2～6V。

图 2-42b 所示为 IGBT 的输出特性，也称伏安特性。它描述的是以栅射电压为参考变量时，集电极电流I_{C}与集射极间电压U_{CE}之间的关系。此特性与 GTR（大功率晶体管）的输出特性相似，不同的是参考变量，IGBT 为栅射电压U_{CE}，而 GTR 为基极电流I_{B}。IGBT 的输出特性分为 3 个区域：正向阻断区、有源区和饱和区。这分别与 GTR 的截止区、放大区和饱和区相对应。此外，当$U_{\text{CE}} < 0$时，IGBT 为反向阻断工作状态，在电力电子电路中，IGBT 工作在开关状态，因而是在正向阻断区和饱和区之间来回转换。

2）动态特性。图 2-43 所示为 IGBT 开关过程的波形。IGBT 的开通过程与 MOSFET 的开

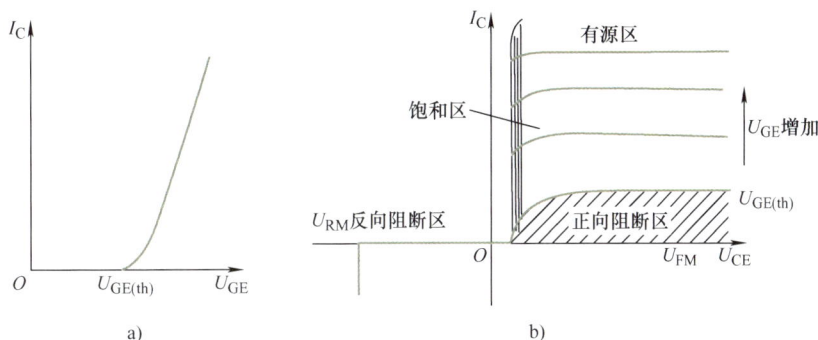

图 2-42　IGBT 的转移特性和输出特性

a）转移特性　b）输出特性

通过程很相似，这是因为 IGBT 在开通过程中大部分时间是作为 MOSFET 来工作的。如图 2-43 所示，从驱动电压 U_{GE} 的前沿上升至其幅值的 10% 的时刻起，到集电极电流 I_C 上升至其幅值的 10% 的时刻止，这段时间为开通延迟时间 $t_{d(on)}$。I_C 从 10% I_{CM} 上升至 90% I_{CM} 所需的时间为电流上升时间 t_r。同样，开通时间为开通延迟时间与电流上升时间 t_r 之和。开通时，集射电压 U_{CE} 的下降过程分为 t_{fv1} 和 t_{fv2} 两段。前者为 IGBT 中 MOSFET 单独工作的电压下降过程；后者为 MOSFET 和 PNP 型晶体管同时工作的电压下降过程。由于 U_{CE} 下降时 IGBT 中 MOSFET 的栅漏电容

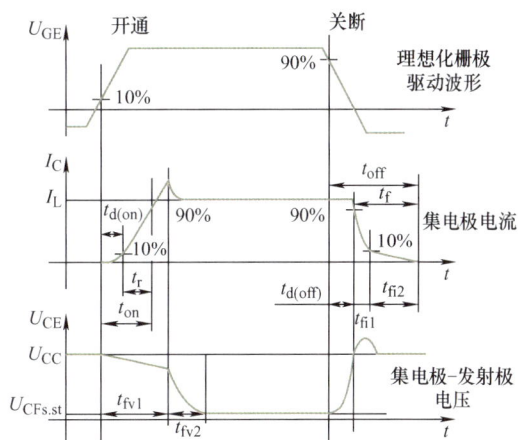

图 2-43　IGBT 开关过程的波形

增大，而且 IGBT 中的 PNP 型晶体管由放大状态转入饱和状态需要一个过程，因此 t_{fv2} 段电压下降过程变缓。只有在 t_{fv2} 段结束时，IGBT 才完全进入饱和状态。

IGBT 关断时，从驱动电压 U_{GE} 的脉冲后沿下降到其幅值的 90% 的时刻起，到集电极电流下降至 90% I_{CM} 止，这段时间为关断延迟时间 $t_{d(off)}$。集电极电流从 90% I_{CM} 下降至 10% I_{CM} 的这段时间为电流下降时间 t_f。二者之和为关断时间 t_{off}。电流下降时间可以分为 t_{fi1} 和 t_{fi2} 两段。其中，t_{fi1} 对应 IGBT 内部的 MOSFET 的关断过程，这段时间电极电流 I_C 下降较快；t_{fi2} 对应 IGBT 内部的 PNP 型晶体管的关断过程，这段时间内 MOSFET 已经关断，IGBT 无反向电压，所以 N 基区内的少数载流子复合缓慢，造成 I_C 下降较慢。由于此时集射电压已经建立，因此较长的电流下降时间会产生较大的关断损耗。为解决这个问题，可以与 GTR 一样通过减轻饱和程度来缩短电流下降时间，但需要与通态压降折中。

可以看出，IGBT 中双极型 PNP 型晶体管的存在，虽然带来电导调制效应的好处，但也引入了少数载流子储存现象，因而 IGBT 的开关速度要低于 MOSFET。

此外，IGBT 的击穿电压、通态压降和关断时间也是需要折中的参数。高压器件的 N 基区必须有足够宽度和较高的电阻率，这会引起通态压降的增大和关断时间的延长。

3. IGBT 的主要参数

除了前面提到的各参数之外，IGBT 的主要参数还包括：

1）最大集射极间电压 U_{CES}：这是由器件内部的 PNP 型晶体管所能承受的击穿电压确定的。

2）最大集电极电流 I_{CM}：包括额定直流电流 I_C 和 1ms 脉宽最大电流 I_{CP}。

3）最大集电极功率 P_{CM}：在正常工作温度下允许的最大耗散功率。

4. IGBT 的开关作用

IGBT 作为开关时，若栅极加正电压，CE 导通；若栅极加负电压，CE 截止；正、负电压的幅值需足够大，以使集电极和发射极充分导通，避免 IGBT 有较大的电压降。如图 2-44 所示，IGBT 作为开关控制灯泡：G 接 +15V，导通，灯亮；G 接 –15V，截止，灯不亮。

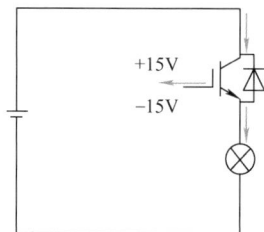

图 2-44 IGBT 的开关作用

5. IGBT 的应用

IGBT 作为开关时，具有高输入阻抗和低导通压降的优点，常常用于大功率高频率电路的开关控制，如斩波电路和逆变电路（图 2-45）。

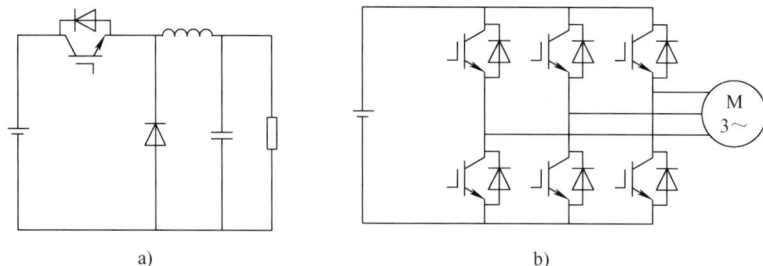

图 2-45 IGBT 的应用

a）IGBT 作为斩波电路的功率开关 b）IGBT 作为逆变电路的功率开关

6. 电动汽车中 IGBT 模块的失效分析

IGBT 功率模块在电动汽车应用时失效的原因通常有：

1）过热烧毁。IGBT 模块工作的环境温度高，以混合动力电动汽车（HEV）和双模式动力汽车（DM）为例，动力驱动部分包括 IGBT、驱动电机、发动机等都在汽车发动机舱内。发动机在工作时，发热量巨大，如果是夏天，发动机舱内的温度包括给 IGBT 模块降温的冷却液温度可能达到 70℃ 以上。因此，在一些大电流工作情况下，如果散热不好，过温保护不及时，IGBT 模块有可能因过热而烧毁。

2）过电流烧毁。电动汽车在行驶过程中，若驱动受干扰异常，或驱动电机堵转、卡死等异常会造成驱动电机的 IGBT 瞬时电流非常大，如果 IGBT 抗闩锁能力、短路耐量不高或者过电流保护不及时，可能会被烧毁。

3）机械振动损坏。IGBT 功率模块在汽车上的应用和在其他工业中应用的一个很大不同在于，汽车行驶的路况复杂，速度多变，因此，IGBT 模块可能要承受巨大的加速度振动和冲击。这种振动对于模块结构和各引线端子的坚固性是一个很大的考验。传统 IGBT 模块的电极基本都是焊接到动态车身控制系统上后引出。电极在安装过程中需承受一定的应力，在汽车运行过程中会一直承受机械冲击和振动，因此，焊接在动态车身控制系统上的电极很难满足此应用的要求。

4）高、低温循环损坏。IGBT功率模块是一个多层结构，层与层之间基本靠焊接实现，不同层的材料不同，很难做到热膨胀系数的完美匹配。汽车的应用环境温度、模块工作和停止温度都可能相差巨大，这就带来了严重的热冲击和高、低温循环的失效问题。由于材料的热膨胀系数不匹配，原本焊接良好的焊接层在经过一定次数的冷热循环后会发生严重分层，导致散热及通流能力下降，器件烧毁。

学习任务3 线束和连接部件认知

学习目标：了解线束和连接部件的基础知识。
能力目标：培养学生搜集和整理相关资料的能力。

知识准备

汽车线束是汽车电路的网络主体，连接汽车的电子部件作用重大，不可缺少，没有汽车线束就没有汽车电路。汽车用线束把电流导向汽车各部位的电装部分，将驾驶人的意图传达到车体及外部。纯电动汽车线束分为低压线束和高压线束。

问题引导1： 汽车上有哪些低压线束？

车身控制模块（BCM）灯光系统和空调控制系统属于纯电动汽车中的低压系统，线束多为铜质多芯软线。

软线是使用多股铜丝、铝丝或者钢丝编成的。低压线束主要部件有导线、接线端子和插接器。

1. 导线

在汽车上使用的导线有多种，包括同轴电缆、绝缘线、屏蔽线、带状电缆和光缆等（图2-46）。

同轴电缆是一种单股导线，通常是铜线，用作高频传输线。同轴电缆可防止受到电磁干扰。电磁干扰会破坏汽车上计算机的工作，产生错误信息。同轴电缆通常用于收音机天线。绝缘线的外层包裹着不导电的材料，如橡胶、塑料或者聚氯乙烯，也常用于汽车电路中。绞合线/屏蔽线由互相绞合在一起的导线构成，外面包敷一层金属的屏蔽材料。屏蔽层能消除无线电干扰，而绞合线能消除电磁干扰。绞合线/屏蔽线经常用于数据通信。带状电缆由平行排列在一条平塑料背衬上的多根导线组成，一般使用在比较狭窄的区域中，例如组合仪表板或转向柱。光缆不传输任何电信号，依靠光来传输数字信号，光缆使用在一些比较新型的汽车上，在娱乐系统中的音频和视频器件之间传输数字信息。

2. 接线端子

接线端子给导线与导线之间或者导线与元器件之间提供导电的连接点，如开关或者继电器上的连接点。接线端子被广泛应用在汽车电路中。接线端子可以是凸插式的或是凹接式

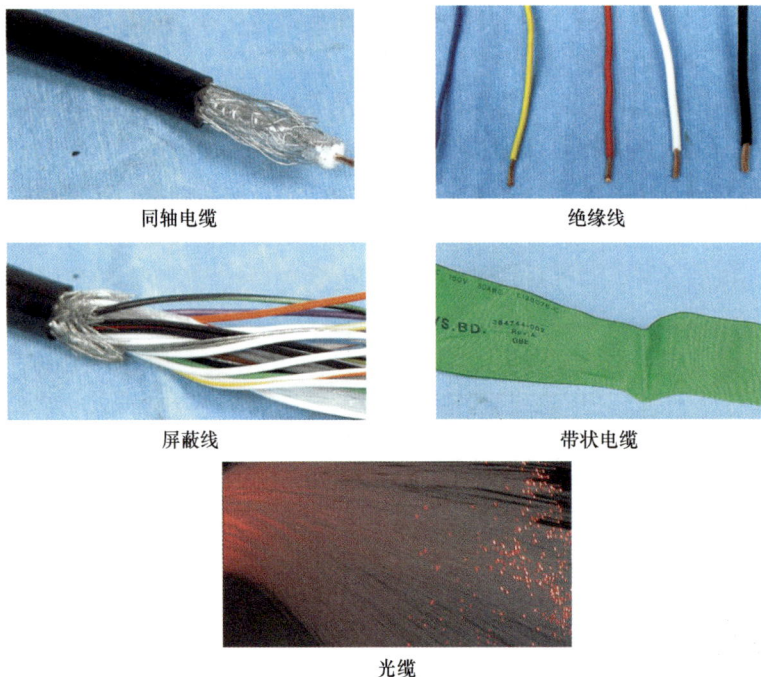

同轴电缆

绝缘线

屏蔽线

带状电缆

光缆

图 2-46 导线

的，可以是向前锁止的或是向后锁止的。为了有良好的导电性，有一些接线端子被镀金或者镀锡。

（1）圆圈形接线端子（图2-47） 圆圈形接线端子被设计成许多种尺寸来适应不同尺寸的螺柱和导线直径，在汽车上用于接电源和搭铁。这些接线端子通常使用钢或者铜料制成。有的圆圈形接线端子被镀金或者镀锡来得到良好的导电性能。

（2）插扣式接线端子 插扣式接线端子上有一个锁止凸舌（图2-48），可以是在接头的凸插片侧或者是在凹接片侧，把这样的接线端子推压入相对类型的接线端子中就可以锁止。这些接线端子用镀锡或者镀金的钢料制成，以形成一个良好的接触。它被设计成各种不同的尺寸来对应不同尺寸的导线。

锁止凸舌

图 2-47 圆圈形接线端子

图 2-48 插扣式接线端子

（3）旗形接线端子（图2-49） 旗形接线端子连接在与导线平行的方向而不是连接在导线的端部。这些接线端子有各种不同的尺寸，是用钢制成的。有的旗形接线端子会被镀锡或者镀金。

（4）背负式接线端子（图2-50）　背负式接线端子使用在需要将多个导线连接在同一个接点的连接。这些接线端子使用镀锡或者镀金的钢材制成，有各种不同的尺寸来适应不同尺寸的导线。

图2-49　旗形接线端子

图2-50　背负式接线端子

（5）推入式接线端子（图2-51）　推入式接线端子使用在需要比较容易地连接和分离的位置。这些接线端子使用镀锡或者镀金的钢材制成，有各种不同的尺寸来适应不同尺寸的导线。

（6）锁扣式铲形接线端子（图2-52）　锁扣式铲形接线端子使用在电源或者搭铁端的配电块上，作为一种快速装拆的接线端子，来替代使用在电源或者搭铁端螺柱上的圆圈形接线端子。这些接线端子使用镀锡或者镀金的钢材制成，有各种不同的尺寸来适应不同尺寸的导线和螺柱。

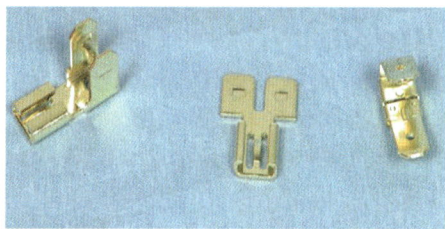

图2-51　推入式接线端子

图2-52　锁扣式铲形接线端子

（7）子弹头形接线端子（图2-53）　子弹头形接线端子通常使用在空间有限的电路中，或者在外层包缠有带或者塑料套的线束中。这些接线端子使用镀锡或者镀金的钢材制成。

（8）由工厂更换的接线端子（图2-54）　由工厂更换的接线端子有各种形状和尺寸，可以适应在车辆上的电气接线中使用的不同的插接器。这些接线端子通常使用镀锡的钢材制成。在一些关键的电路（如安全气囊系统）中，为了有良好的导电性能，这种接线端子被镀金。这些接线端子上有向前锁定和向后锁定的装置，即接线端子要根据它是向前锁定或者是向后锁定的结构来使接线被锁定到位。

图2-53　子弹头形接线端子

图2-54　由工厂更换的接线端子

3. 插接器

插接器使用在导线的端部，接线端子安放在其中，可使接线端子不与元器件接触，互相之间也不会接触。在一个插接器上可以连接一个接线端子或者多个接线端子。插接器可用于隔断湿气，防止接线端子被腐蚀。插接器使用在车辆上的各种电路中，用来连接不同的电路和元器件。插接器有多种类型，如图 2-55 所示。

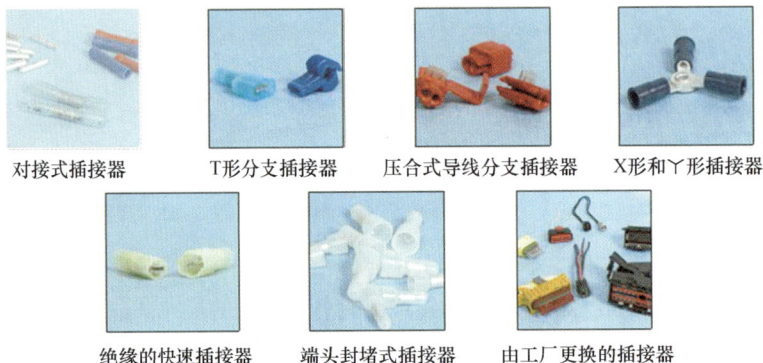

对接式插接器　　T形分支插接器　　压合式导线分支插接器　　X形和丫形插接器

绝缘的快速插接器　　端头封堵式插接器　　由工厂更换的插接器

图 2-55　插接器

（1）对接式插接器　对接式插接器使两根导线以串联的方式相连接。无缝不绝缘的对接式插接器，通常使用在导线束的搭铁端一侧；绝缘的对接式插接器，使用在导线外层没有护套或者缠带的场合；热缩管对接式插接器，绝缘层能热缩成一个防水的连接套。

（2）T形分支插接器　T形分支插接器使用在需要从电源或者搭铁端引出线，而又不想从电源或者搭铁端重新连接一条新的完整电路的场合。这种连接只需要把电源线的绝缘层剥开来就能做成一个分支的引线。T形分支插接器并不总是能提供一个良好的连接点，而且容易被腐蚀。

（3）压合式导线分支插接器　压合式导线分支插接器使用在需要把导线连接到一个电路中而不把导线切断的场合。这种连接只需要把导线的绝缘层剥开来，而不必切断导线。这种插接器并不总是能提供一个良好的连接点，而且容易被腐蚀。

（4）X形和丫形插接器　X形和丫形插接器使用在从一根导线引出多根导线的场合。这种连接方式可使用在前照灯电路中，控制一根导线即可控制两组灯具。

（5）绝缘的快速插接器　绝缘的快速插接器（或者称为对器）可以在两根导线之间形成一个密封的连接点，它使用的是平铲形接线端子。这种连接方式使用在需要经常拆卸的场合。

（6）端头封堵式插接器　端头封堵式插接器经常使用在不再使用的导线的端头处，也可用于把两根导线连接在一起，以插接器的绝缘套保护插头。

（7）由工厂更换的插接器　由工厂更换的插接器有多种的结构形式：多接线端子插接器和单线插接器，带或不带气候防护密封壳体。气候防护密封壳体可以保护插接器免受气候的影响。

问题引导 2：　汽车上有哪些高压线束？

纯电动汽车的插接器与插接器之间的线缆为高压线束，是支持整个汽车安全运行的、非常关键的线束。汽车使用环境一般是恶劣的，所以要求屏蔽、有 IP 等级、防过热或燃烧，如果不符合要求，将是最容易出现自燃的部件。整车共分为 5 段高压线束，下面将逐一介绍。

（1）动力蓄电池高压电缆　连接动力蓄电池到高压盒之间的线缆，如图 2-56 所示。

（2）电机控制器电缆　连接高压盒到电机控制器之间的线缆，如图 2-57 所示。

图 2-56　动力蓄电池高压电缆

图 2-57　电机控制器电缆

（3）快充线束　连接快充口到高压盒之间的线束，如图 2-58 所示。

（4）慢充线束　连接慢充口到车载充电机之间的线束，如图 2-59 所示。

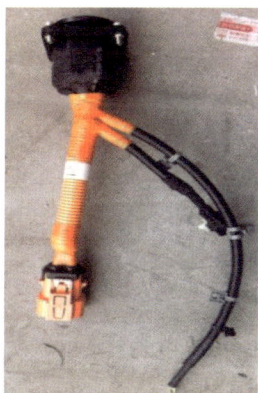

图 2-58　快充线束

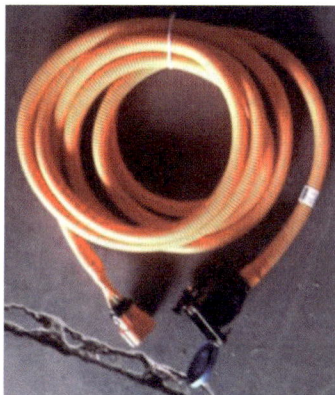

图 2-59　慢充线束

（5）高压附件线束（高压线束总成）　连接高压盒到 DC/DC 变换器、车载充电机、空调压缩机、空调 PTC 之间的线束，如图 2-60 所示。

图 2-60　高压附件线束

学习情境三

基 本 电 路

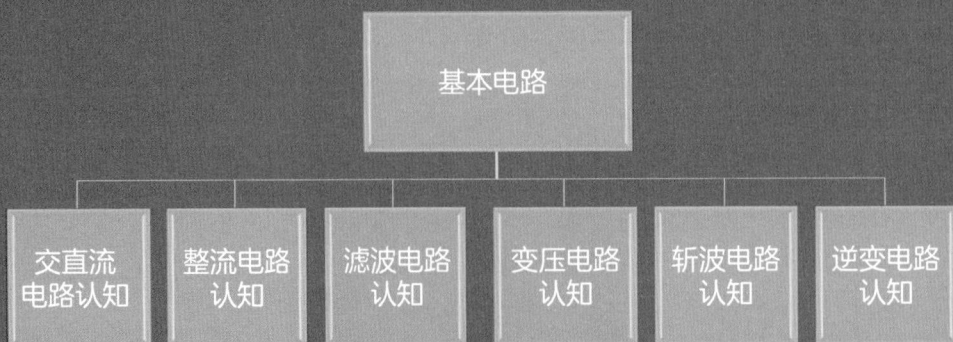

基本电路

交直流电路认知 | 整流电路认知 | 滤波电路认知 | 变压电路认知 | 斩波电路认知 | 逆变电路认知

学习任务1　交直流电路认知

学习目标: 了解什么是交流电路。
能力目标: 培养学生搜集和整理相关资料的能力。

知识准备

　　整车控制系统由传感器、微控制器(MCU)和执行器构成,其技术含量高,电路复杂。汽车电路与一般家庭用电有明显不同,燃油汽车电路中全是直流电,在纯电动汽车电路中,进控制器前是直流电、进驱动电机前是交流电,220V的变频器是先变直流再变交流的。纯电动汽车整车控制系统中常见的基本电路包括整流电路、滤波电路、变压电路、逆变电路、斩波电路等。

　　电路是电流流通的途径,电能转化为其他形式的能要通过闭合电路来完成。因此,为了利用电能,必须组成各种形式的电路。电路由电源、导线、开关和负载4部分组成。电路有通路、断路和短路3种状态。电源与负载接通,电路中有电流流通,形成闭合回路的电路,也就是电流能从电源正极流出,再从负极流进,称为通路。在通路状态下,电气设备或元器件获得一定的电压和电功率,进行能量转化。通路状态下,电路中有电流,用电器能正常工作。电路中没有电流通过时,称为断路。当电路没有闭合开关,或者导线没有连接好,或用电器烧坏、没安装好时,电路都会处于断路状态。电流不通过电器直接接通电源时称为短路。发生短路时,因电流过大往往引起电器损坏或火灾。对电源来说,若通过电流过大,属于严重过载,电源或电器会被烧毁。汽车自燃的绝大部分原因是电路短路。

问题引导1: 直流电路的特性有哪些?

　　直流电是大小和方向都不随时间变化的电压或电流。直流电路中有电流、电压、电位、电动势等常见物理量。

1. 电流

1)定义。电荷的定向运动称为电流,如图3-1所示。

2)方向。规定正电荷移动的方向为电流方向,与电子移动方向相反。

感应电流的产生

3)大小。单位时间内通过导体截面电荷量的多少称为电流强度。它是表征电流大小的物理量。电流强度的单位为A。设在 Δt 时间内,流过截面 S 的电荷量为 ΔQ,则电流强度为

$$i = \frac{\Delta Q}{\Delta t} \qquad (3-1)$$

图3-1　电流

　　如果电流的大小和方向都不随时间的变化而变化,则称为稳恒直流电,简称直流电。其数学表达式为

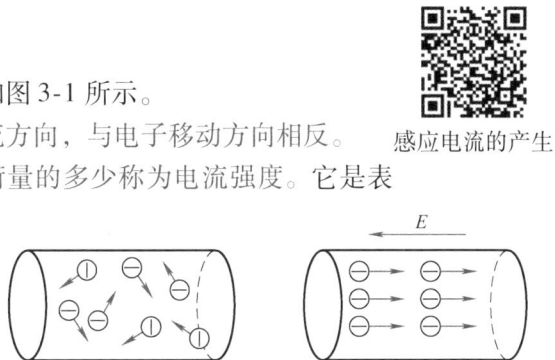

$$I = \frac{Q}{t} \qquad\qquad (3\text{-}2)$$

电流常见单位还有 kA、mA、μA、pA，其换算关系如下：

$$1\mathrm{kA} = 1000\mathrm{A}, \ 1\mathrm{A} = 1000\mathrm{mA}, \ 1\mathrm{mA} = 1000\mu\mathrm{A}, \ 1\mu\mathrm{A} = 1000\mathrm{nA}, \ 1\mathrm{nA} = 1000\mathrm{pA}$$

2. 电压

1）定义。电路中两点之间的电位差称为电压，用 U 或 u 表示。A、B 极板之间的电位差称为 A、B 两点之间的电压 U_{AB}，如图 3-2 所示。

2）方向。电压的正方向规定为由高电位指向低电位，即从电源的正极指向负极。电压的方向可以用双下标表示 U_{AB}，也可以用"＋""－"来表示，如图 3-3 所示。

3）大小。电场力把 1C 电量的正电荷从 a 点移到 b 点，如果所做的功为 1J，那么 a、b 两点间的电压就是 1V。

电压常用单位还有 kV、mV、μV。其换算关系如下：

$$1\mathrm{kV} = 1000\mathrm{V}, \ 1\mathrm{V} = 1000\mathrm{mV}, \ 1\mathrm{mV} = 1000\mu\mathrm{V}$$

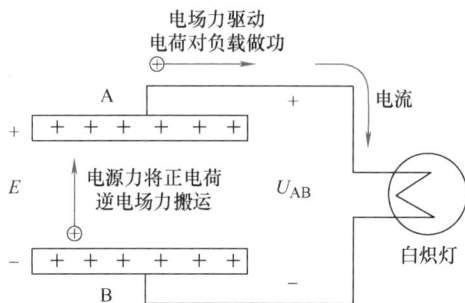

图 3-2　电压

图 3-3　方向

3. 电位

1）定义。取电路中任一点作为参考点，并规定为零电位，电路中任一点到参考点之间的电压，就称为该点的电位。

2）方向。当某点到参考点的电压为正时，则该点的电位为正；当某点到参考点的电压为负时，则该点的电位为负。电位用 V 或 U 来表示。

3）大小。在数值上，电路中某点的电位等于正电荷在该点所具有的能量与电荷所带电荷量的比。电位是相对的，电路中某点电位的大小与参考点（即零电位点）的选择有关。电位是电能的强度因素，它的单位是 V。

4. 电动势

1）定义。电动势是表示电源把其他形式的能量转变为电能的本领大小的物理量。

2）方向。习惯上规定电动势的方向是低电位点负极指向高电位点正极，即电位升的方向。这正好与电压的真实方向相反。

3）大小。电源的电动势等于其内部非电场力把单位正电荷从负极经内部移动到正极时所做的功。电动势的单位与电压的单位相同。电动势的大小取决于电源的本身，与外电路无关。任意的电动势用 e 表示。对于大小和方向不随时间变化的直流电动势，一般用 E 表示，也可以用 e 表示。

问题引导2： 交流电路的特性有哪些？

交流电路的测量

交流一般指大小和方向随时间做周期性变化的电压或电流。它的最基本的形式是正弦电流，如图 3-4 所示。

我国交流电供电的标准频率规定为 50Hz。交流电随时间变化的形式可以是多种多样的。不同变化形式的交流电，其应用范围和产生的效果是不同的。正弦交流电应用最为广泛。纯电动汽车充电都是选用交流电。在实用中，交流电用符号 ~ 表示。正弦交流电可用频率、峰值和位相3 个物理量来描述。

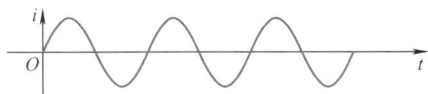

图 3-4　正弦电流

1. 交流电的频率和周期

频率是表示交流电随时间变化快慢的物理量。交流电每秒变化的次数称为频率，用 f 表示。它的单位为 Hz。

交流电正弦电流的表示式 $I = I_m \sin(\omega t + \phi_0)$ 中的 ω 称为角频率，它是反映交流电随时间变化快慢物理量。角频率和频率的关系为 $\omega = 2\pi f$。交流电随时间变化的快慢还可以用周期来描述。交流电变化一次所需要的时间称为周期，用 T 表示。周期的单位是 s。显然，周期和频率互为例数。交流电随时间变化越快，其频率 f 越高，周期 T 越短；反之，频率 f 越低，周期 T 越长。

2. 交流电流的峰值和平均值

电流 $i = I_m \sin(\omega t + \alpha)$ 中的 I_m 称为电流的峰值，i 为瞬时值。峰值和相位是按式中 I_m 为正值的要求定义的。交流电的有效值通常用 U 或 I 表示。U 表示等效电压，I 表示等效电流。一般不作特别说明时，交流电的大小均指有效值。交流电在半周期内，通过电路中导体横截面的电量 Q 和一直流电在同样时间内通过该电路中导体横截面的电量相等时，这个直流电的数值就称为该交流电在半周期内的平均值。

3. 相位

在交流电 $i = I_m \sin(\omega t + \alpha)$ 中的 $(\omega t + \alpha)$ 称为相位（相位角）。它表征函数在变化过程中某一时刻达到的状态。例如，当 $\omega t + \alpha = 0$ 时达到取零值的阶段。α 是 $t = 0$ 时的相位，称为初相。在实际问题中，更重要的是两个交流电之间的相位差。两个交流电压或电流之间的相位差是它们之间变化步调的反映。

学习任务 2　整流电路认知

学习目标：了解什么是整流电路。
能力目标：培养学生搜集和整理相关资料的能力。

知识准备

整流电路又称为 AC/DC 转换电路，是将交流电转换成直流电的电路。大多数整流电路由变压器、整流主电路、滤波器等组成。整流主电路多用硅整流二极管或晶闸管组成；滤波器接在主电路与负载之间，用于滤除脉动直流电压中的交流成分；是否变压器设置视具体情况而定，变压器的作用是实现交流输入电压与直流输出电压间的匹配以及交流电网与整流电路之间的电隔离。

整流电路的测量

47

问题引导1：不可控整流电路有哪些？

1. 单相半波整流电路

（1）定义　整流电路是利用二极管的单向导电性将交流电转换成脉动直流电的电路。

半波整流电路是电源电路中一种最简单的整流电路，它的电路结构最简单，由整流变压器、二极管及负载组成，如图3-5所示。

（2）工作原理　当 u 为正半周时，二极管 VD 正向导通；当 u 为负半周时，二极管 VD 反向截止。

整流波形如图3-6所示。由于这种电路只在交流的半个周期内才导通，也只有在正半周时才有电流流过负载，故称为单相半波整流电路。

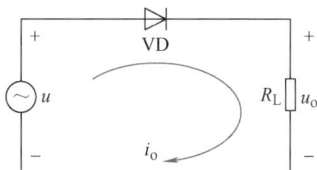

图3-5　单相半波整流电路

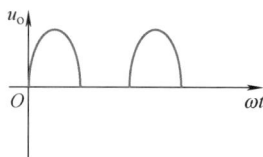

图3-6　单相半波整流波形

（3）输出电压和输出电流　负载电阻上得到的是一个半波整流电压，整流电压虽然是单方面的，但其大小是变化的，称为脉动直流电压。

整流输出电压平均值 $U_o = 0.45U$。

半波整流电路的输出电压不到输入电压的一半，交流分量大，效率低，如图3-7所示。因此这种电路仅适用于整流电流较小、对脉冲要求不高的场合。

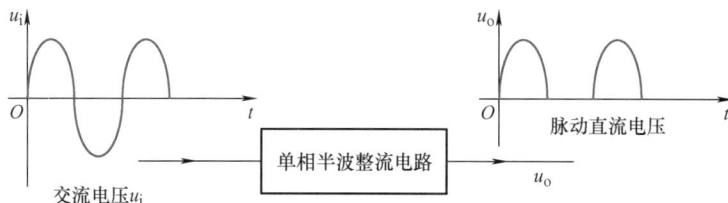

图3-7　单相半波整流电路波形变化

2. 单相桥式整流电路

（1）定义　为了克服半波整流电路的缺点，在实用电路中多采用全波整流电路，最常用的全波整流电路是桥式整流电路。它是由4个二极管接成电桥形式的电路，如图3-8所示。

单相整流电路

（2）工作原理　当输入信号为正半周时，VD_2、VD_4 导通，VD_1、VD_3 截止，负载上有半波输出；当输入信号为负半周时，VD_1、VD_3 导通，VD_2、VD_4 截止，负载上有半波输出。在输入信号的一个周期内，负载上得到两个半波，如图3-9所示。

（3）基本参数　在单相桥式整流电路中，交流电在一个周期内的两个半波都有同方向的电流流过负载，因此在输入电压相同时，该电路输出的电流和电压均比半波整流大一倍。

整流输出电压平均值　　　　　　　　　　$U_o = 0.9U$

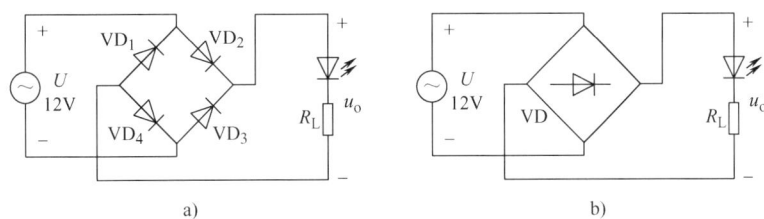

图 3-8 单相桥式整流电路与简化画法
a）桥式整流电路 b）简化的桥式整流电路

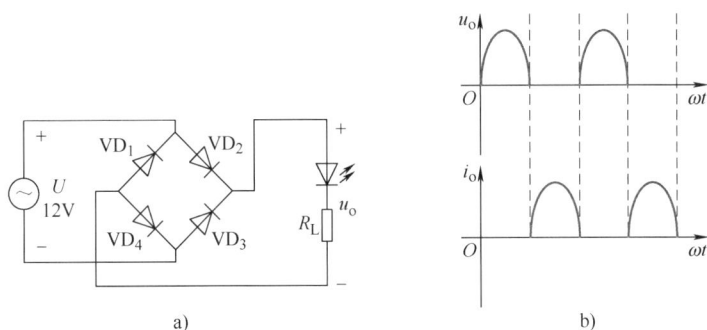

图 3-9 单相桥式整流电路与波形图
a）桥式整流电路 b）波形图

负载的电流 $I_{\mathrm{o}}=\dfrac{U_{\mathrm{o}}}{R_{\mathrm{L}}}=0.9\dfrac{U}{R_{\mathrm{L}}}$

二极管的正向电流 $I_{\mathrm{D}}=0.5\,I_{\mathrm{o}}$

二极管承受的反向峰值电压 $U_{\mathrm{RM}}=U_{\mathrm{M}}=\sqrt{2}\,U$

三相整流电路
的测量

3. 三相桥式整流电路

广泛应用的三相桥式整流电路是从三相半波整流电路扩展而来的。三相桥式整流电路是由两组三相半波整流电路串联而成的，一组接成共阴极，另一组接成共阳极，这种整流电路不再需要变压器中点。

三相桥式不可控整流电路如图 3-10 所示，VD_1、VD_3、VD_5 共阴极三相半波整流，VD_2、VD_4、VD_6 共阳极三相半波整流。

三相桥式整流电路工作时，共阴极的 3 个二极管中，阳极交流电压最高的二极管优先导通，另外两个二极管因承受反压处于关断状态；同理，共阳极的 3 个二极管中，阴极交流电压最低

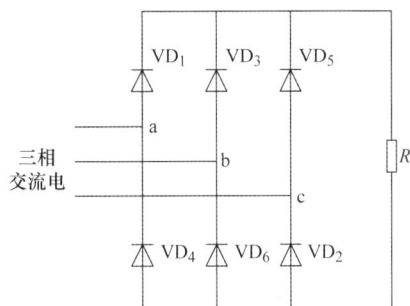

图 3-10 三相桥式不可控整流电路

的二极管优先导通，另外两个二极管因承受反压处于关断状态。即在电路工作过程中，共阴极组和共阳极组中各有 1 个二极管处于导通状态，其工作波形如图 3-11 所示。

在单相桥式整流电路中，每个二极管承受交流电源的相电压幅值，而在三相桥式整流电路中，每个二极管要承受交流电源线电压的幅值，因此三相桥式整流电路中需要选用耐压值

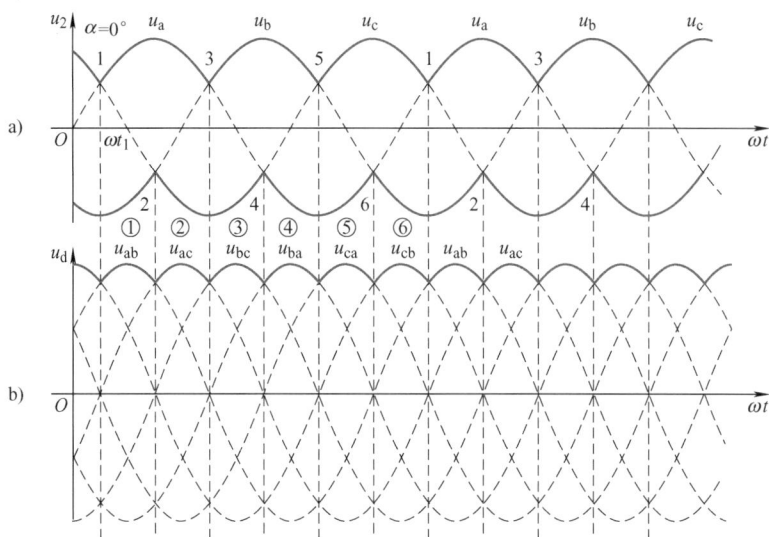

图 3-11　负载电压波形

高的二极管。

问题引导 2：　PWM 整流电路的类型有哪些?

　　PWM 整流电路由全控性功率开关器件构成,采用脉冲宽度调制（PWM）控制方式。PWM 整流电路不是传统意义上的 AC/DC 转换电路,而是一种能够实现电能双向变换的电路。当 PWM 整流电路从电网接收电能时,工作于整流状态;当 PWM 整流电路向电网反馈电能时,则工作于有源逆变状态。根据不同的分类方法,PWM 整流电路可分为不同的类型。按电路的拓扑结构和外特性,PWM 整流电路可分为电压型和电流型,两者的区别在于直流侧滤波形式的不同。电压型整流电路采用大电容,电流型整流电路则采用大电感。电压型 PWM 整流电路的应用更为广泛。

1. 单相电压型 PWM 整流电路

　　单相电压型 PWM 整流电路最初应用于电力机车交流传动系统中,为牵引变流器提供直流电源。单相电压型 PWM 整流电路如图 3-12 所示,每个桥臂由一个控器件和反并联的整流二极管组成。图中,L_N 为交流侧附加的电抗器,起平衡电压、支持无功功率和储存能量的作用;u_N 是正弦波电网电压;U_d 是整流电路的直流侧输出电压;u_s 是交流侧输入电压,为 PWM 控制方式下的脉冲波,其基波与电网电压同频率,幅值和相位可控;i_N 是 PWM 整流器从电网吸收

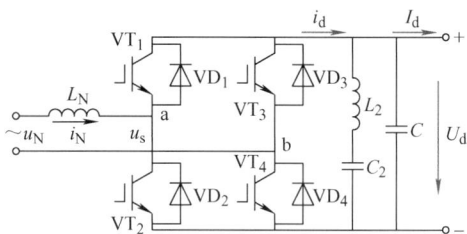

图 3-12　单相电压型 PWM 整流电路

的电流。电网可以通过整流二极管 $VD_1 \sim VD_4$ 完成能量从交流侧向直流侧的传递,也可以经全控器件 $VT_1 \sim VT_4$ 从直流侧逆变为交流,反馈给电网,所以 PWM 整流器的能量变换是双向的,而能量的传递趋势是整流还是逆变,主要取决于 $VT_1 \sim VT_4$ 的脉宽调制方式。图中的串联型滤波器 $L_2 C_2$,其谐振频率是基波频率的 2 倍,从而可以短路交流侧的偶次谐波。

2. 三相电压型 PWM 整流电路

三相电压型 PWM 整流电路如图 3-13 所示。这是最基本的 PWM 整流电路，应用最广泛。图中，u_a、u_b、u_c 为交流侧电源电压，i_a、i_b、i_c 为交流侧电源电流，L 为电抗器，即电路的电感，C 为直流侧滤波电容。

三相电压型 PWM 整流电路具有更快的响应速度和更好的输入电流波形，稳态工作时，输出电流、电压不变，开关器件按正弦规律脉宽调制，整流器交流侧的输出电压与逆变器相同。忽略整流电路输出交流电压的谐波，变换器可以看作是可控正弦三相电压源，它和正弦的电源高电压共同作用于输入电感，产生正弦电流波形。适当控制整流电路输出电压的幅值和相位，就可以获得所需大小和相位的输入电流。

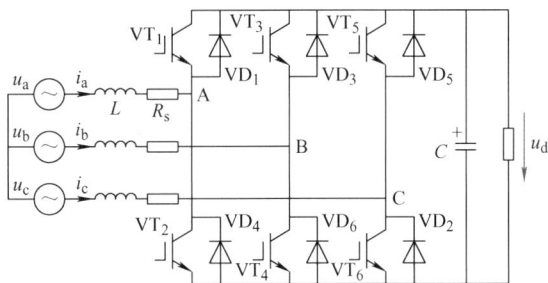

图 3-13　三相电压型 PWM 整流电路

3. 三相电流型 PWM 整流电路

三相电流型 PWM 整流电路如图 3-14 所示。图中 L_d 为整流侧大电感，用于稳定输出电流，使输出特性为电流源特性，利用正弦调制方式控制直流电流在各开关器件上的分配，使交流电流波形接近正弦波，且和电源电压同相位。交流侧电容的作用是滤除与开关频率相关的高次谐波。

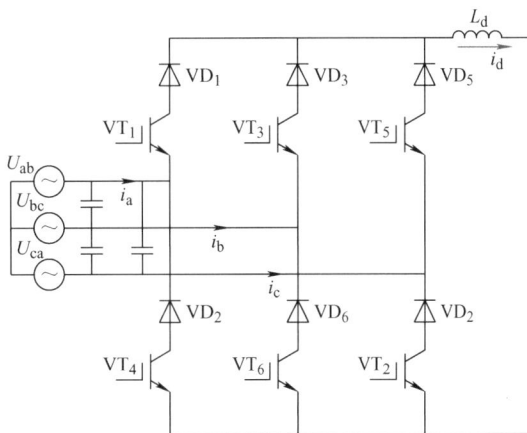

图 3-14　三相电流型 PWM 整流电路

电流型整流电路的优点如下：

1）由于输出电感的作用，短路时电流的上升速度受到限制。

2）开关器件直接对直流电流进行脉宽调制，所以输入电流控制简单，控制速度快。

电流型整流电路的缺点如下：

1）直流侧电感的体积、质量和功耗较大。

2）常用的全控器件都是双向导通的，使主电路通态损耗较大。

PWM 整流电路改善了传统晶闸管相控整流电路中交流侧谐波电流较大、深度相控时功率因数较低的缺点。PWM 整流电路采用全控器件，可以实现理想化的交、直流变换，具有输出直流电压可调、交流侧电流波形为正弦、功率因数可调、可双向变换等优点。

问题引导3： 整流电路的应用有哪些？

车载充电机是整流电路在新能源汽车上的典型应用，其功能是将电网单相交流电变换为直流电给动力蓄电池充电。为了提高电路的功率因数，减小设备体积，达到比较理想的输出效果，一般是整流电路和其他结构的电路形式相结合，完成电能变换。车载充电机电路结构如图 3-15 所示。

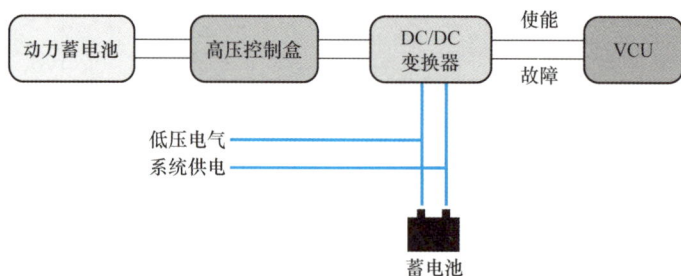

图 3-15　车载充电机电路结构

学习任务 3　滤波电路认知

学习目标：了解什么是滤波电路。
能力目标：培养学生搜集和整理相关资料的能力。

知识准备

　　为了减小整流后的电压脉动，常采用滤波电路把交流分量滤除，使负载两端得到脉动较小的直流电。滤波是将脉动的直流电压变为平滑的直流电压。滤波电路利用电抗性元件对交、直流阻抗的不同，实现滤波。电容器 C 对直流开路，对交流阻抗小，所以 C 应该并联在负载两端。电感器 L 对直流阻抗小，对交流阻抗大，因此 L 应与负载串联。经过滤波电路后，既可保留直流分量，又可滤掉一部分交流分量，改变了交、直流成分的比例，减小了电路的脉动系数，改善了直流电压的质量。

问题引导 1：电容滤波电路的组成有哪些？

1. 电路组成

　　电容滤波通常是在负载两端并联大容量电容器，如图 3-16 所示。

2. 滤波原理

　　若 u_2 处于正半周，二极管 VD$_1$、VD$_3$ 导通，变压器二次电压 u_2 给电容器 C 充电。此时 C 相当于并联在 u_2 上，所以输出波形同 u_2，是正弦波。

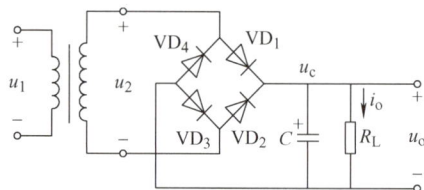

图 3-16　电容滤波电路

　　当 u_2 到达 $\omega t = \pi/2$ 时，开始下降。先假设二极管截止，电容 C 就以指数规律向负载 R_L 放电，指数放电起始点的放电速率很大。在刚过 $\omega t = \pi/2$ 时，正弦曲线下降的速率很慢，所以刚过 $\omega t = \pi/2$ 时二极管仍然导通。在超过 $\omega t = \pi/2$ 后的某个点，正弦曲线下降的速率越来越快，当刚超过指数曲线起始放电速率时，二极管截止。所以在 t_2 到 t_3 时刻，二极管导电，C 充电，$u_i = u_o$ 按正弦规律变化；t_1 到 t_2 时刻二极管截止，$u_i = u_o$ 按指数曲线下降，放电时间常数为 $R_L C$。电容滤波电路波形如图 3-17 所示。

需要指出的是，当放电时间常数 $R_L C$ 增大时，t_1 点要右移，t_2 点要左移，二极管截止时间加长，导通角 θ 减小；反之，$R_L C$ 减小时，导通角 θ 增大。显然，当 R_L 很小（即 I_L 很大）时，电容滤波的效果不好，如图 3-18 中的曲线 2。反之，当 R_L 很大（即 I_L 很小）时，尽管 C 较小，$R_L C$ 仍很大，电容滤波的效果也很好，如图 3-18 中的滤波曲线 3。所以电容滤波适合输出电流较小的场合。

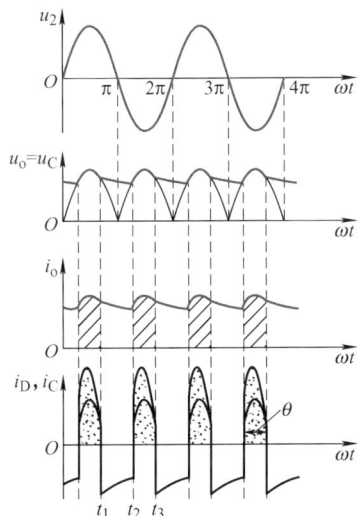

图 3-17　电容滤波电路波形　　　　图 3-18　电容滤波的效果

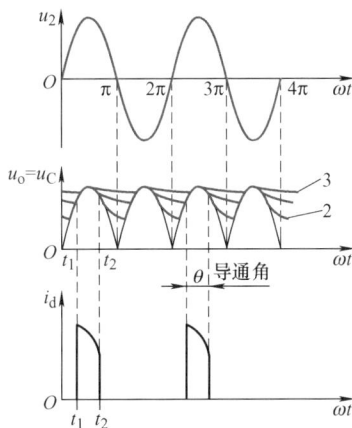

3. 负载上的直流电压和电流

负载上的电压、电流可以按下式估算：

$$U_{L(AV)} \approx 1.2 U_2 \tag{3-3}$$

$$I_L = \frac{U_L}{R} \approx \frac{1.2 U_2}{R} \tag{3-4}$$

4. 滤波电容的选择

1）选择滤波电容的输出电压。单相桥式整流滤波电路输出电压约为 $1.2 U_2$。

2）滤波电容的选用耐压值不小于 $\sqrt{2} U_2$，电容的容量应用满足 $R_L C \geq (3 \sim 5) T$。

3）滤波电容若采用电解电容，正、负极性不允许接反，否则电容的漏电电流会增大，引起温度上升使电容爆裂。

5. 应用

对于新能源汽车来说，由于其驱动电机和动力蓄电池等部件具有高电流、低电压的特点，同时需要满足振动、高温、高压、大电流、高可靠性等要求，因此需要采用高效的电源系统来保证其正常运行。电容滤波电路是一种用于电源系统中电磁噪声抑制的滤波电路，可以有效地滤除高频噪声，提高系统的可靠性和稳定性。电容滤波电路在新能源汽车上有以下应用：

1）电容滤波电路能够有效地抑制谐振和谐振回路产生的高频噪声，减小及消除驱动电机、变频器等产生的电磁干扰噪声。

2）能够提高功率因数。纯电动汽车蓄电池的充电电路、电机驱动电路等都存在电感性负载，使功率因数降低，并联电容可以提高功率因数。

3）能够保护电子设备。滤波电容可以抑制电涌，避免其涌入电子设备，起到保护作用。

4）能够平滑直流母线电压。安装电容器可以减小母线电压波动，保持直流电压稳定。

电容滤波电路在新能源汽车上有着广泛的应用前景，合理选用电容滤波电路可以提高新能源汽车的工作性能、稳定性和可靠性。

问题引导 2： 电感滤波电路的组成有哪些？

利用储能元件电感器 L 的电流不能突变的性质，把电感 L 与整流电路的负载 R_L 串联，可以起到滤波的作用。

桥式整流电感滤波电路如图 3-19 所示。电感滤波电路波形如图 3-20 所示。当 u_2 正半周时，VD_1、VD_3 导电，电感中的电流将滞后 u_2。当负半周时，电感中的电流将由 VD_2、VD_4 提供。因桥式电路的对称性和电感中电流的连续性，4 个二极管 VD_1、VD_3、VD_2、VD_4 的导通角都是 180°。

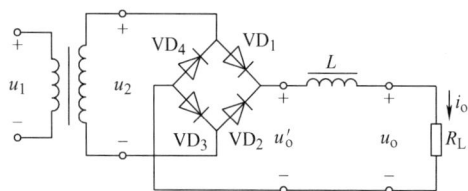

图 3-19　桥式整流电感滤波电路

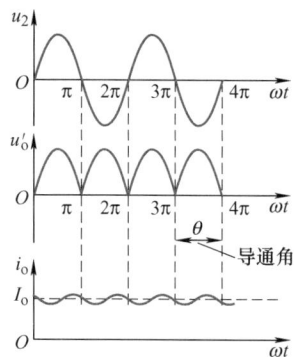

图 3-20　电感滤波电路波形

电感滤波电路中 L 越大，滤波效果越好，适用于负载电流较大的场合。

问题引导 3： 多级滤波电路有哪些？

1. L 型复式滤波电路

LC 型滤波电路指由电感 L 和电容 C 组成的 L 型滤波电路。整流后输出的脉动直流经过 L 和 C 两次滤波，负载上可获得平滑的直流电压。在负载电流不大的情况下，为减小体积和质量、降低成本，常用适当的电阻代替电感，组成图 3-21 所示的 L 型复式滤波电路。

2. LC-π 型滤波电路

由电容 C_1、C_2 和电感 L 组成的复式滤波电路，简称 LC-π 型滤波电路，如图 3-22 所示。由于有 3 个元件进行 3 次滤波，所以滤波效果

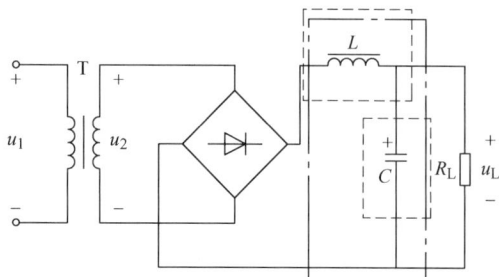

图 3-21　L 型复式滤波电路

更好；但电感的体积较大，成本较高。

3. RC-π型滤波电路

当负载电流不大时，可用电阻代替 LC-π 型滤波电路中的电感，构成 RC-π 型滤波电路，如图 3-23 所示。RC-π 型滤波电路的成本低、体积小、滤波效果较好。

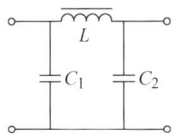

图 3-22　LC-π 型滤波电路

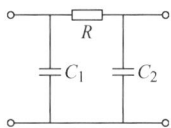

图 3-23　RC-π 型滤波电路

学习任务 4　变压电路认知

学习目标：了解什么是变压电路。
能力目标：培养学生搜集和整理相关资料的能力。

知识准备

变压电路是把一种形式的交流（AC）电能转变成另一种形式的交流（AC）电能的电力电子装置，又称为 AC/AC 变换电路。可以采用变压器进行变压，也可以采用晶闸管等电力半导体器件构成的变换电路进行变压。用晶闸管进行交流变压的电路可分为两大类：一类是频率不变仅改变电压大小的电路，称为恒频变压电路；另一类是直接将一个较高频率交流电变为较低频率交流电的相控方式降频降压变换电路，称为变压变频电路。

问题引导 1：　变压器的组成有哪些？

变压器是由闭合铁心和绕在铁心上的两个绕组组成的，如图 3-24 所示。一个绕组与电源连接，称为一次绕组；另一个绕组与负载连接，称为二次绕组。两个绕组都是用绝缘导线绕制成的，铁心由涂有绝缘漆的硅钢片叠合而成。

1. 变压器的工作原理

在一次绕组中，感应电动势 E_1 起到阻碍电流变化的作用，跟加在一次绕组两端的电压 U_1 的作用相反，一次绕组的电阻很小，如果忽略不计，则有 $U_1 = E_1$。二次绕组相当于一个电源，感应电动势 E_2 相当于电源

图 3-24　变压器

的电动势。二次绕组的电阻也很小，如果忽略不计，二次绕组就相当于无内阻的电源，因而二次绕组的端电压 $U_2 = E_2$。这种忽略一、二次绕组的电阻和各种电磁能量损失的变压器，称为理想变压器。可见，理想变压器一、二次绕组的端电压之比等于这两个绕组的匝数比。变压器的工作原理如图 3-25 所示。

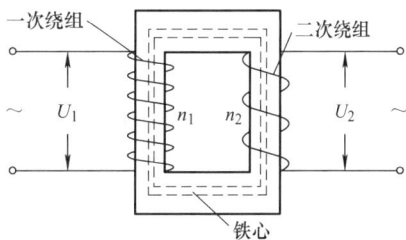

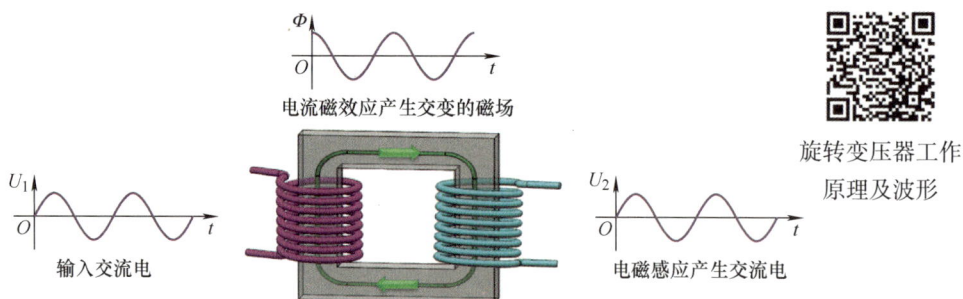

图 3-25 变压器的工作原理

当 $n_2 > n_1$ 时，$U_2 > U_1$，变压器使电压升高，这种变压器称为升压变压器；当 $n_2 < n_1$ 时，$U_2 < U_1$，变压器使电压降低，这种变压器称为降压变压器。

变压器工作时，一部分从二次绕组输出，另一部分消耗在发热上，但是消耗的功率很小，特别是大型变压器效率可达 97% ~ 99.5%，所以一般可以将它认为是理想变压器，输入的电功率 I_1U_1 等于输出的电功率 I_2U_2，即

$$I_1U_1 = I_2U_2 \tag{3-5}$$

由 $U_1/U_2 = n_1/n_2$ 可见，变压器工作时，一次绕组和二次绕组中的电流跟它们的匝数成反比，变压器的一次绕组匝数多而通过的电流小，可用较细的导线绕制；二次绕组的匝数少而通过的电流大，应当用较粗的导线绕制。

2. 变压器的类型

（1）自耦变压器 这种变压器的特点是铁心上只绕有一个线圈，如果把整个线圈作为一次绕组，二次绕组只取线圈的一部分，就可以降低电压；如果把线圈的一部分作为一次绕组，整个线圈作二次绕组，就可以升高电压，如图 3-26 所示。

（2）调压变压器 调压变压器是自耦变压器的一种，这种变压器的线圈 AB 绕在一个圆环形的铁心上，AB 之间加上输入电压 U_1，移动滑动触头 P 的位置就可以调节输出电压 U_2，如图 3-27 所示。

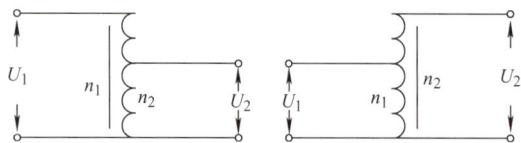

图 3-26 自耦变压器

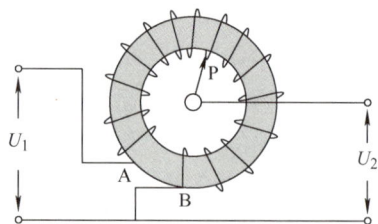

图 3-27 调压变压器

（3）电压互感器 电压互感器用于把高电压变成低电压，它的一次绕组并联在高压电路中，二次绕组接交流电压表。根据电压表测得的电压 U_2 和铭牌上注明的电压比（U_1/U_2），可以算出高压电路中的电压。为了工作安全，电压互感器的铁壳和二次绕组应该接地，如图 3-28 所示。

（4）电流互感器 电流互感器用于把大电流变成小电流，它的一次绕组串联在被测电路中，二次绕组接交流电流表。根据电流表测得的电流 I_2 和铭牌上注明的电流比（I_1/I_2），

可以算出被测电路中的电流。如果被测电路是高压电路，为了工作安全，同样要把电流互感器的外壳和二次绕组接地，如图 3-29 所示。

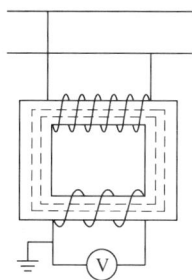

图 3-28　电压互感器　　　　图 3-29　电流互感器

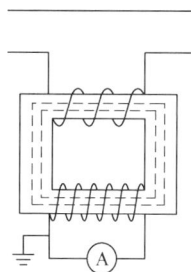

问题引导 2：　交流调压电路有哪些？

恒频变压交流变换电路通常称为交流调压电路，指由晶闸管等电力半导体器件构成的，把一种交流电变成另一种同频率、不同电压的交流电变换装置。按所变换的相数不同，交流调压电路可分为单相交流调压电路和三相交流调压电路。交流调压器的控制方式有 3 种：①整周波通断控制；②相位控制；③斩波控制。采用整周波通断控制方式时，晶闸管是作为交流开关使用的，它把负载与电源接通几个周波，再断开几个周波，通过改变通断比来改变负载上的电压有效值。采用相位控制方式时，在电源电压上、下半波的某一相位分别触发相应的晶闸管使其导通，改变触发延迟角即可改变负载接通电压的时间，从而达到调压的目的。采用斩波控制方式时，晶闸管要带有强迫关断电路或采用 IGBT 等可自关断器件，在每个电压周波中，开关器件多次通断，使电压斩波成多个脉冲，改变导通比即可实现调压。交流调压 3 种控制方式的输出电压波形如图 3-30 所示。相位控制交流调压又称为相控调压，是交流调压中的基本控制方式，应用最广泛。

用晶闸管组成的交流调压电路可以方便地调节输出电压有效值。它可用于电炉温度控

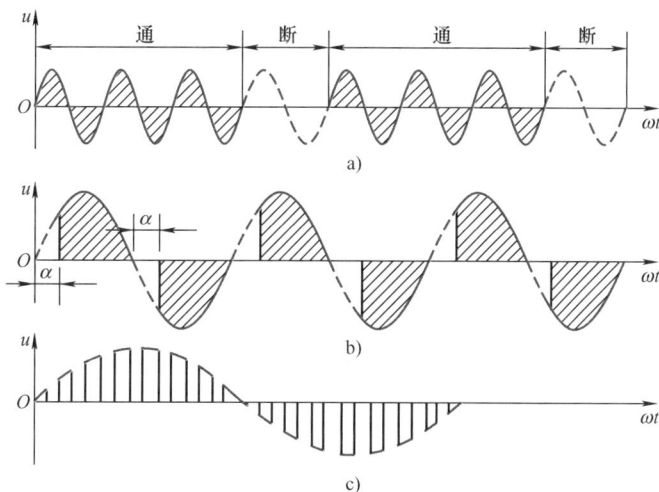

图 3-30　交流调压 3 种控制方式的输出电压波形
a）整周波通断控制　b）相位控制　c）斩波控制

制、灯光调节、异步电动机减压软起动和调压调速等，也可以用于调节变压器一次电压，其二次侧多为直流低电压、大电流或高压、小电流负载，而且负载功率一般不超过 500kW。晶闸管交流调压电路与调压变压器相比，具有体积小、重量轻、效率高和成本低等优点，是调压变压器的理想替代产品之一。

问题引导3： AC/AC 变频电路的组成有哪些？

AC/AC 变频电路直接将电网固定频率的交流电变换为所需频率的交流电，这种交流装置称为 AC/AC 变频器，也称周波变换器。它广泛应用于大功率、低转速的交流电动机调速传动，也用于电力系统无功补偿、感应加热用电源、交流励磁变速、恒频发电机的励磁电源等。因为没有中间的直流环节，减少了一次能量变换过程，消耗能量少；但这种变频电路的输出频率受到限制，它低于输入频率，而且输出电压频率与变频电路的具体结构有关。

1. 单相 AC/AC 变频电路

（1）电路结构和工作原理　单相输出 AC/AC 变频电路组成如图 3-31a 所示，它由具有相同特征的两组晶闸管整流电路反向并联构成。其中一组整流器称为正组整流器（P 组），另外一组称为反组整流器（N 组）。如果正组整流器工作，反组整流器被封锁，则负载端输出电压为上正、下负，负载电流为正；如果反组整流器工作，正组整流器被封锁，则负载端得到输出电压为上负、下正，负载电流为负。这样，只要交替地以低于电源的频率切换正、反组整流器的工作状态，则在负载端就可以获得交变的输出电压。如果在一个周期内触发延迟角是固定不变的，则输出电压波形为矩形波。此种方式控制简单，但矩形波中含有大量的谐波，对电动机负载工作很不利。如果触发延迟角不固定，在正组整流电路工作的半个周期内让触发延迟角按正弦规律从 90° 逐渐减小到 0°，然后由 0° 逐渐增大到 90°，那么正组整流电路的输出电压的平均值就按正弦规律变化，从零增加到最大，然后从最大减小到零，如图 3-31b 所示（三相交流输入）。在反组整流电路工作的半个周期内采用同样的控制方法就可以得到接近正弦波的输出电压。两组变流器按一定的频率交替工作，负载就得到该频率的交流电。

AC/AC 变频电路

（2）变频电路的工作过程　AC/AC 变频电路的负载可以是阻感负载、电阻负载或阻容负载，也可以是交流电动机负载。下面以阻感负载为例，说明组成变频电路的两组相控整流电路的工作过程。

将阻感负载的 AC/AC 变频电路理想化，忽略交流电路换相时的脉动分量，就可把变频电路等效成图 3-32a 所示的正弦波交流电源和二极管的串联电路。其中，交流电源表示变频电路可输出交流正弦电压，二极管体现了变流电路的电流单向性。设负载阻抗角为输出电流滞后输出的电压角。两组变频电路工作时，采取直流可逆调速系统中的无环流工作方式，即一组变频电路工作时，封锁另一组变频电路的触发脉冲。

输出电压和输出电流波形如图 3-32b 所示。由此可知，整流电路工作是由输出电流的方向决定的，而与输出电压的极性无关。变频电路是工作于整流状态还是逆变状态，是由输出电压方向和输出电流方向是否相同确定的。

对于阻感负载，输出电压超前电流。考虑无环流工作方式下输出电流过零的死区时间，可以将图 3-33 所示的变频电路中一个周期输出的波形分为 6 个阶段。

a)

b)

P	整流	逆变	阻断	
N	阻断		整流	逆变

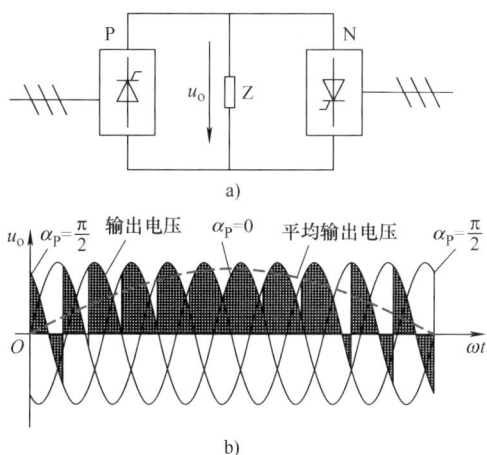

图 3-31 单相输出 AC/AC 变频电路及波形

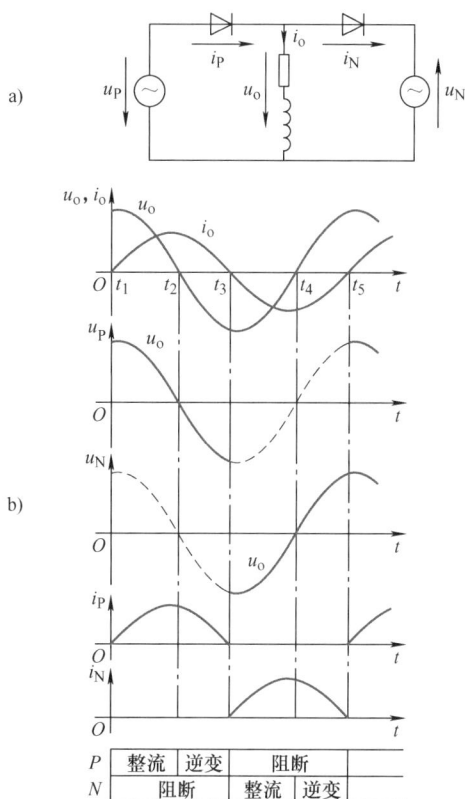

图 3-32 理想化 AC/AC 变频电路的
整流和逆变工作状态

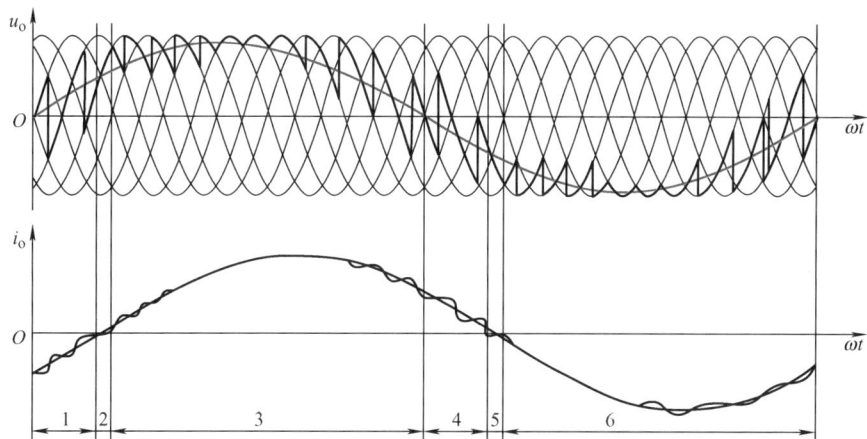

图 3-33 单相 AC/AC 变频电路输出电压和电流波形

第 1 阶段：输出电压过零为正，由于电流滞后，输出电流小于 0，整流器的输出电流具有单向性，负载负电流必须由反组整流器输出，则反组整流器工作，正组整流器被封锁。由于电压为正，故反组整流器必须工作在有源逆变状态。

第2阶段：电流过零，为无环流死区。

第3阶段：输出电流大于0，输出电压大于0。由于电流方向为正，反组电流须由正整流器输出，故正组整流器工作，反组整流器被封锁。由于电压为正，故正组整流器必须工作在整流状态。

第4阶段：输出电流大于0，输出电压小于0。由于电流方向没有改变，正组整流器工作，反组整流器仍被封锁。电压反向为负，故正组整流器工作在有源逆变状态。

第5阶段：电流为零，为无环流切换死区。

第6阶段：输出电流小于0，输出电压小于0，电流方向为负，反组整流器必须工作，正组整流器被封锁。此阶段反组整流器工作在整流状态。

输出电压和输出电流的相位差小于90°时，一周期内电网向负载提供能量的平均值为正，如果负载是电机，则电机工作在电动状态；当两者相位差大于90°时，一周期内电网向负载提供能量的平均值为负，电网吸收能量，则电机工作在发电状态。

2. 三相 AC/AC 变频电路

AC/AC 变频电路主要用于交流调速系统，因此实际使用的主要是三相 AC/AC 变频器。三相 AC/AC 变频电路是由 3 组输出电压相位差为 120°的单相 AC/AC 变频电路组成的，电路接线形式主要有以下两种。

（1）公共交流母线进线方式　图 3-34 所示为采用公共交流母线进线方式的三相 AC/AC 变频电路原理图。它由 3 相彼此独立的、输出电压相位差为 120°的单相 AC/AC 变频电路组成，它们的电源进线通过进线电抗器接在公共的交流母线上。因为电源进线端公用，所以三相变频电路的输出端必须隔离。为此，交流电机的 3 个绕组必须拆开，同时引出 6 根线。采用公共交流母线进线方式的三相 AC/AC 变频电路主要用于中等容量的交流调速系统。

（2）输出星形联结方式　图 3-35 所示为采用输出星形联结方式的三相 AC/AC 变频电路原理图，电源进线通过进线电抗器接在公共的交流母线上。三相 AC/AC 变频电路的输出端采用星形联结，电机的 3 个绕组也采用星形联结，电机中点和变频器中点接在一起，电机只引 3 根线即可。因为 3 组单相变频器连接在一起，电源进线端公用，其电源进线就必须隔离，故 3 组单相变频器分别用 3 个变压器供电。和整流电路一样，同一组桥内的两个晶体管靠双触发脉冲保证同时导通，两组桥之间靠各自的触发脉冲有足够的宽度，以保证同时导通。

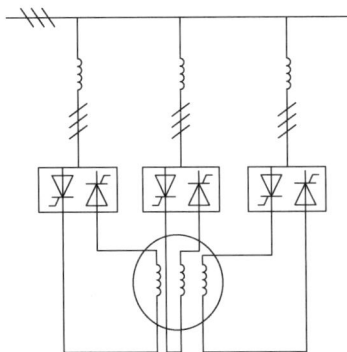

图 3-34　采用公共交流母线进线方式的
三相 AC/AC 变频电路原理图

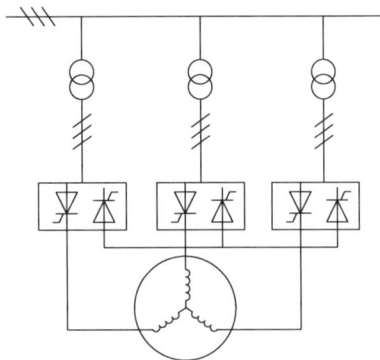

图 3-35　采用输出星形联结方式的
三相 AC/AC 变频电路原理图

三相 AC/AC 变频电路总的有功功率为各相有功功率之和，但是视在功率应由输入电压有效值和输入的总电流有效值来计算，比三相各自的视在功率之和要小。因此，三相 AC/AC 变频电路总输入功率因数要高于单相 AC/AC 变频电路的。另外，单相、三相 AC/AC 变频电路输入位移因数相同，而构成三相电路的 3 个单相 AC/AC 变频电路的部分输入电流谐波相互抵消，三相电路的基波因数增大，使得总输入功率因数有所提高，这是相对单相而言的，功率因数低仍然是三相 AC/AC 变频电路的主要缺点。

在采用输出星形联结方式的三相 AC/AC 变频电路中，各相输出的是相电压，而加在负载上的是线电压，如果在各相电压中叠加同样的直流分量或 3 倍于输出频率的谐波分量，则它们不会在线电压中反映，也不会加到负载上。利用这一特性可以改善输入功率因数并提高输出电压。

在三相 AC/AC 变频电路中，如果使 3 组单相变频电路的输入电压波形均为准梯形波，准梯形波的主要谐波为三次谐波，在线电压中三次谐波抵消，线电压仍为正弦波。在梯形波输出方式中，电路工作在高输出电压区域（梯形波平顶部分）时间增加或减小，可利用这种方法改善输入功率因数。AC/AC 变频电路的特点如下：直接一次变换，效率较高；可方便实现四象限工作；低频输出波形接近正弦波。

问题引导 4： 变压电路的应用有哪些？

纯电动汽车 DC/DC 变换器中使用了变压器变压和变频器。变压电路的应用如图 3-36 所示。

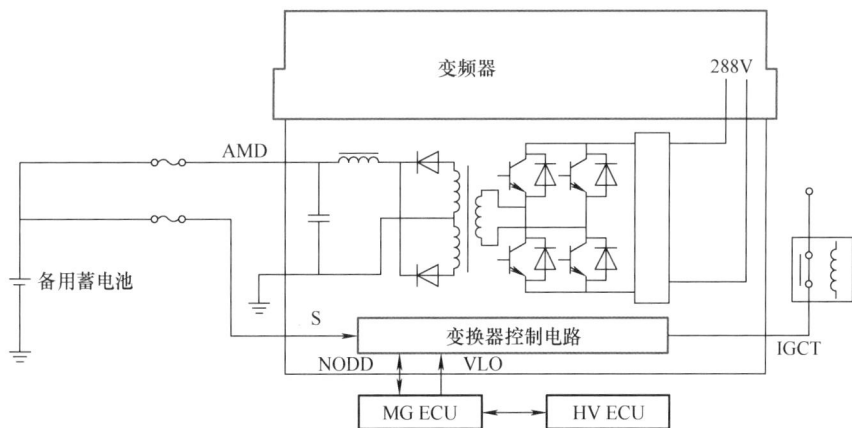

图 3-36 变压电路的应用

纯电动汽车中，旋转变压器是一种输出电压随转子转角变化的信号元件。当励磁绕组以一定频率的交流电压励磁时，输出绕组的电压幅值与转子转角成正弦、余弦函数关系（图 3-37）或保持某一比例关系，或在一定转角范围内与转角呈线性关系。

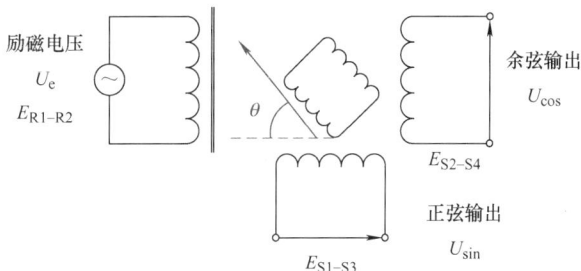

图 3-37 正弦、余弦函数关系

学习任务5 斩波电路认知

学习目标： 了解什么是斩波电路。

能力目标： 培养学生搜集和整理相关资料的能力。

知识准备

DC/DC 变换电路的功能是将直流电变为另一固定电压或可调电压的直流电，包括直接直流变换电路和间接直流变换电路。直接直流变换电路也称为斩波电路，它的功能是将直流电变为固定电压或可调电压的直流电，一般指直接将直流电变为另一直流电，这种情况下输入与输出之间不隔离。间接直流变换电路是在直流变换电路中增加了交流环节，在交流环节中通常采用变压器实现输入、输出间的隔离，因此也称为带隔离的 DC/DC 变换电路。

问题引导1： 斩波电路的工作原理及控制方式有哪些？

1. 工作原理

工程上，一般将以开关管按一定控制规律调制且无变压器隔离的 DC/DC 变换器称为直流斩波器。直流斩波器主要工作方式是脉冲宽度调制（PWM）工作方式，基本原理是通过开关管把直流电斩成方波（脉冲波），通过调节方波的占空比（脉冲宽度与脉冲周期之比）来改变电压。

如图 3-38 所示，输入电压 U_i 通过开关与负载串联，当开关闭合时，输出电压等于输入电压，$U_o = U_i$；当开关断开时，输出电压等于零，$U_o = 0$。得到的基本电压变换电路的输出电压波形，如图 3-38b 所示。

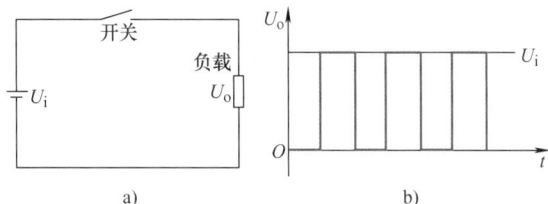

图 3-38　输入电压通过开关与负载串联电路和输出电压波形

a）电路　b）输出电压波形

如图 3-39 所示，用可控的功率开关管代替开关，输入一定的控制信号控制电路的交替通断，可获得可调的输出电压，达到降压的目的。

$$U_o(\mathrm{VC}) = \frac{t_1 + t_2 + t_3}{t} U_i \quad (U_o \leqslant U_i) \tag{3-6}$$

在周期 t 不变的情况下，改变导通时间就可以改变 U_o 的大小。将功率开关的导通时间与开关周期之比定义为占空比，用 D 表示，则

$$D = \frac{t_1 + t_2 + t_3}{t} \qquad (3-7)$$

由于占空比 D 不大于 1，所以输出电压 U_o 不大于输入电压 U_i。因此，改变 D 值，就可以改变输出电压平均值的大小。占空比的改变可以通过改变导通时间或周期来实现。

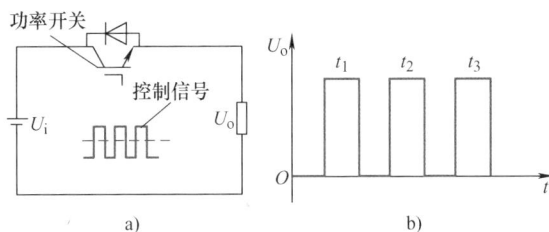

图 3-39　基本斩波原理电路与输出电压波形
a）基本斩波原理电路　b）输出电压波形

2. 斩波电路控制信号

（1）脉冲宽度调制（PWM）　如图 3-40 所示，即维持周期不变，改变 t_{on}。在这种控制方式中，输出电压波形的周期或频率是不变的，因此输出谐波的频率也是不变的，这使得滤波器的设计变得较为容易，并得到普遍应用。

（2）脉冲频率调制（PFM）　如图 3-41 所示，即维持 t_{on} 不变，改变周期。在这种控制方式中，由于输出电压波形的周期或频率是变化的，因此输出谐波的频率也是变化的，这使得滤波器的设计比较困难，输出波形谐波干扰严重，一般很少采用。

（3）调频调宽混合控制　这种控制方式不但要改变 t_{on}，也要改变 T_s，其特点是可以大大提高输出范围，但由于频率是变化的，存在着设计滤波器较难的问题。

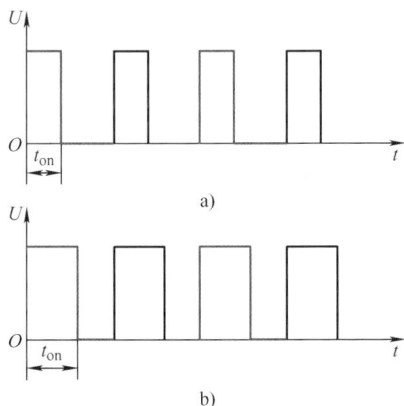

图 3-40　脉冲宽度调制（PWM）

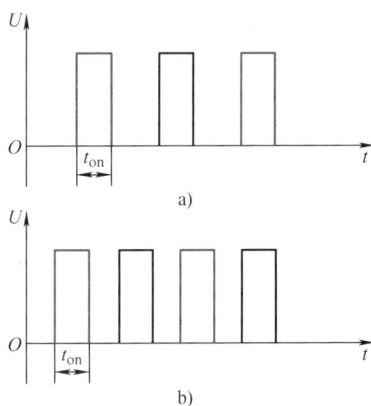

图 3-41　脉冲频率调制（PFM）

问题引导 2： 降压斩波电路的组成有哪些？

1. 降压电路结构

1）为抑制输出电压脉动，在基本原理电路（图 3-39a）中加入滤波电容 C，如图 3-42 所示。

2）为限制开关管 VT 导通时的电流应力，将缓冲电感 L 串入开关管 VT 的支路中。

图 3-42 直流降压电路

3）为了避免开关管 VT 关断时缓冲电感 L 中电流的突变，加入续流二极管 VD。

2. 降压原理

直流斩波电路是使用广泛的直流变换电路。由图 3-42 可知，开关管 VT 把输入的 U_i 斩成方波输出到 R 上，斩波后的输出波形如图 3-43 所示，方波的周期为 T。在 VT 导通时输出电压等于 U_i，导通时间为 t_{on}；在 VT 关断时输出电压等于 0，关断时间为 t_{off}，占空比 $D = t_{on}/T$。方波电压的平均值与占空比成正比。

如图 3-44 所示，改变脉冲宽度即可改变输出电压。在时间 t_1，前脉冲较宽、间隔窄，平均电压（U_{o1}）较高；在时间 t_1，后脉冲变窄，平均电压（U_{o2}）降低。固定方波周期 T 不变。改变占空比调节输出电压就是 PWM 法，也称为定频调宽法。由于输出电压比输入电压低，故称为降压斩波电路或 Buck 变换器。

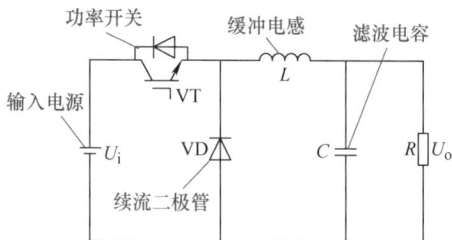

DC/DC 降压电路

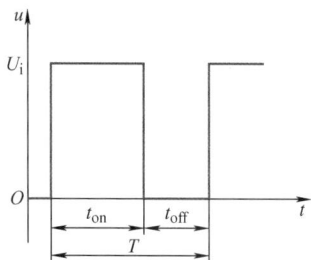

图 3-43 斩波后的输出波形

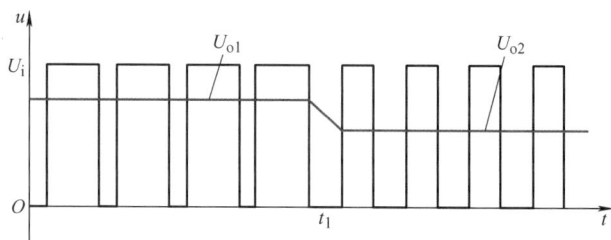

图 3-44 连续输出波形和平均电压

方波脉冲不是直流电源，实际使用时要加上滤波电路。图 3-45 所示是加有 LC 滤波的电路，L 是滤波电感、C 是滤波电容、VD 是续流二极管。当 VT 导通时，L 与 C 蓄能，向负载 R 输电；当 VT 关断时，C 向负载 R 输电，L 通过 VD 向负载 R 输电。输出方波选用的频率较高，故电感体积很小，输出波纹也不大。

电路输出电压 $U_o = D U_i$，D 是占空比，值为 $0 \sim 1$。

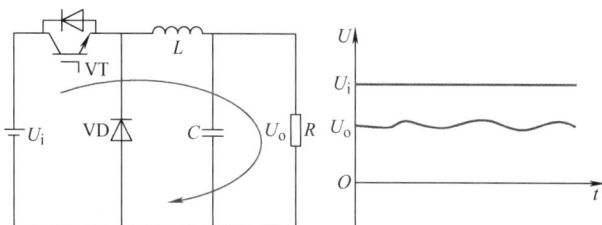

图 3-45 加有 LC 滤波的电路与波形图

问题引导 3： 升压斩波电路的组成有哪些？

1. 升压电路结构

Boost 型升压变换器称为并联开关变换器，由功率开关、二极管、储能电

直流斩波电路的测量

64

感、输出滤波电容等组成。

2. 升压原理

用电感元件可组成升压斩波电路，如图 3-46 所示。当开关管 VT 导通时，电流通过电感 L 时会在 L 中存储能量，此时负载上的电压由 C 提供；当开关管 VT 关断时，电感 L 释放能量，输出电压为输入电压 U_i 与 L 产生的电压之和，故提高了输入电压。该电路称为升压斩波电路或 Boost 变换器，输出电压 $U_o = U_i/(1 - D)$，其中 D 是占空比，值必须小于 1。

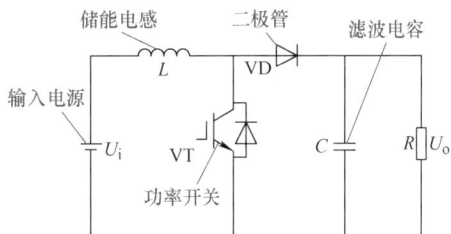

图 3-46　直流升压电路

综上所述：

1）开关管 VT 关断时：$U_o = U_i + U_L$，$U_C = U_i + U_L$（电源和电感给负载供电并给电容充电）。

2）开关管 VT 导通时：$U_o = U_C$，$U_L = U_i$（电源给电感充电，电容给负载供电）。

3）如图 3-47 所示：假设控制信号为 PWM 波，占空比为 D，则 $U_o = \dfrac{U_i}{1 - D}$（$0 \leqslant D \leqslant 1$）。

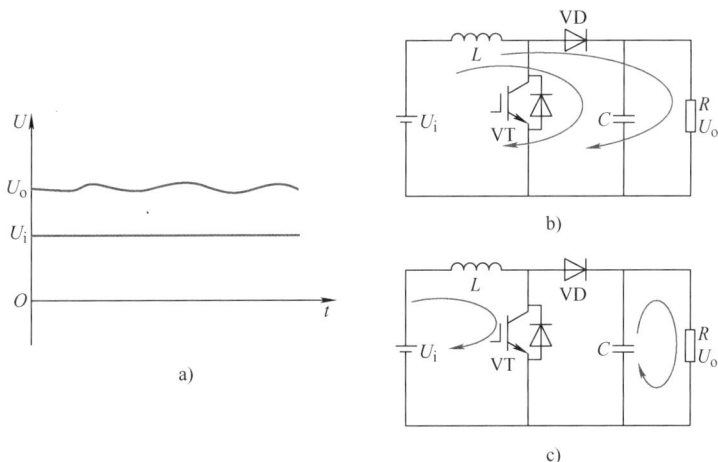

图 3-47　升压电路晶闸管 VT 断开和闭合时的输出波形

a）升压电路输出波形　b）晶闸管 VT 断开　c）晶闸管 VT 闭合

问题引导 4： 升降压斩波电路的组成有哪些？

1. 升降压斩波电路结构

Boost 型升降压变换器的特点是输出电压可以低于电源电压，也可以高于电源电压，是将降压斩波电路和升压斩波电路结合的一种直接变换电路。它主要由功率开关、二极管、储能电感、输出滤波电容等组成。

2. 升降压斩波电路工作原理

开关管 VT 导通时（图 3-48b），电流 $I_D = I_L$。由电源 U_i 经 VT 和 L，电流上升，电感 L 储能。如果电感电流是连续的，则电流从开关管 VT 导通时的 I_{o1} 上升（图 3-49b）；如果电流是断续的，电感电流则从 0 上升。开关管 VT 导通时，二极管 VD 受反向电压截止，负载 R 由电容 C 提供电流。开关管 VT 关断时（图 3-48c），电感电流 I_L 从开关管 VT 关断时的 I_{o2} 下降，并经 C、R 的并联电路和二极管 VD 流通，电感 L 释放储能，电容储能。电感电流 i_L 能否连续，则取决于电感的储能。如果在开关管 VT 导通时，电感储能不足，I_{o2} 不够大，不能延续到下次开关管 VT 导通，电感电流就断续（图 3-50b）。如果电感和电容的储能足够大，或者尽管电感储能不足，但是电容储能足够大，则负载电流 I_d 是连续的，否则负载电流要断续。

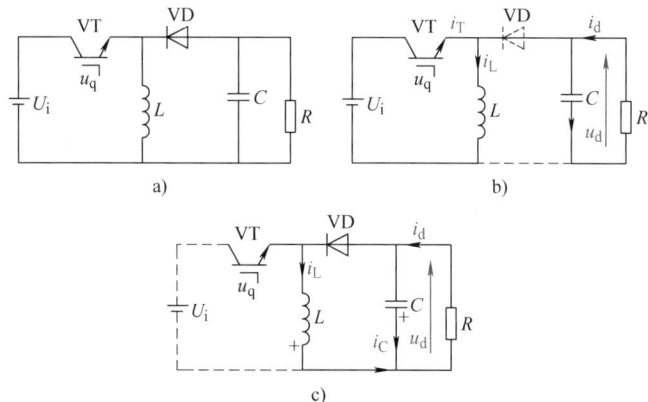

图 3-48　直流升降压斩波电路和工作状态
a）直流升降压斩波电路　b）VT 导通　c）VT 关断

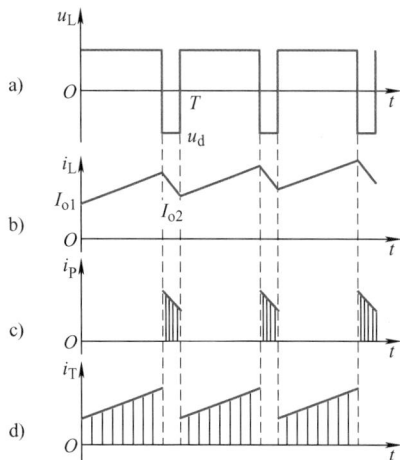

图 3-49　升降压斩波电路的工作状态和波形（电感电流连续）

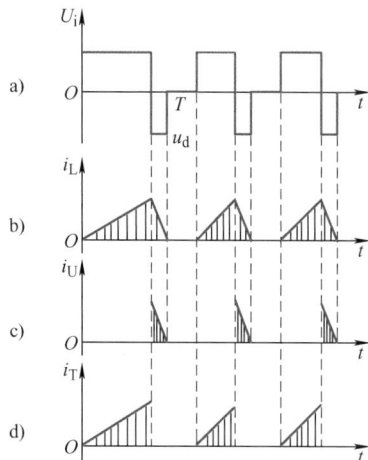

图 3-50　升降压斩波电路的工作状态和波形（电感电流断续）

在电路稳态时，如果电能储能足够大，负载电压不变，开关管 VT 导通时 $u_L = U_i$，i_L 的终止电流

$$I_{o2} = I_{o1} + \frac{U_i}{L}\alpha T \tag{3-8}$$

式中，占空比 $\alpha = \dfrac{T_{on}}{T}$。

在开关管 VT 关断时，$u_L = U_d$，i_L 的终止电流

$$I_{o1} = I_{o2} + \frac{U_d}{L}(1 - \alpha)T \tag{3-9}$$

将式(3-8)代入式(3-9)，可得

$$U_d = \frac{\alpha}{1 - \alpha}U_i \tag{3-10}$$

从式(3-10)可知，当 $0 \leq \alpha \leq 0.5$ 时，$U_d \leq U_i$；当 $0.5 < \alpha < 1$ 时，$U_d > U_i$，因此调节占空比 α，电路既可以降压也可以升压。

问题引导5： 电路的应用有哪些？

在纯电动汽车能量混合型电力系统中，用升压型 DC/DC 变换器；在功率混合型电力系统中，采用双向升降压型 DC/DC 变换器，或全桥型 DC/DC 变换器；车辆在滑行或下坡制动时，驱动电机发电运行产生的电能通过双向升降压型 DC/DC 变换器向储能电源充电；电动汽车上的动力蓄电池组向附属设备及辅助蓄电池充电时，采用隔离式降压型 DC/DC 变换器。

学习任务6　逆变电路认知

学习目标： 了解什么是逆变电路。
能力目标： 培养学生搜集和整理相关资料的能力。

知识准备

逆变电路是把直流电变成交流电的电路，也称 DC/AC 电路。逆变技术可以将动力蓄电池、太阳能电池和燃料电池等通过新能源技术获得的电能变换成交流电，以满足对电能的需求，因此逆变技术对于新能源的开发和利用起着重要的作用。

问题引导1： 逆变电路的结构组成有哪些？

逆变电路与整流电路相对应，把直流电变成交流电称为逆变。当交流侧接在电网上，即交流侧接有电源时，称为有源逆变；当交流侧直接和负载链接时，称为无源逆变。逆变电路的应用非常广泛，在已有的各种电源中，如蓄电池、干电池、太阳能电池等都是直流电源，当需要这些电源向交流负载供电时，就需要逆变电路。逆变电路的基本作用是在电路的控制下将中间直流电路输出的直流电源转换为频率和电压都任意可调的交流电源，如图 3-51 所示。

问题引导2： 逆变电路的原理有哪些？

以图 3-52a 所示的单向桥式逆变器主电路（逆变电路）为例进行说明。图中，$S_1 \sim S_4$ 是单相桥式电路 4 个臂上的开关，假设 $S_1 \sim S_4$ 均为理想开关。当

逆变电路
的测量

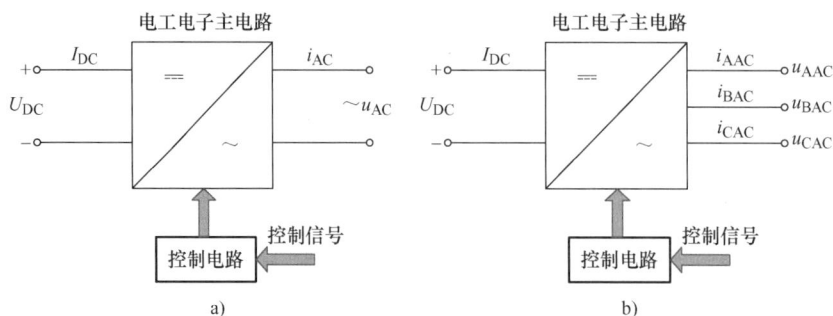

图 3-51 逆变器与逆变器接线图

S_1、S_4 闭合，S_2、S_3 断开时，负载电压 u_o 为正；当 S_1、S_4 断开，S_2、S_3 闭合时，u_o 为负，其波形如图 3-52b 所示。这样，就把直流电变成了交流电。改变两组开关切换频率，就可改变输出交流的频率。这就是逆变的最基本原理。负载是电阻时，负载电流 i_o 和 u_o 的波形相同，相位也相同；负载是阻感时，i_o 的基波相位滞后于 u_o 的基波，两者波形也不同。图 3-52b 给出的就是负载为阻感时的 i_o 波形。如果 $S_1 \sim S_4$ 由实际的电力电子开关器件组成，且辅助元件（R、L、C）也是非理想的，则逆变过程要复杂很多。

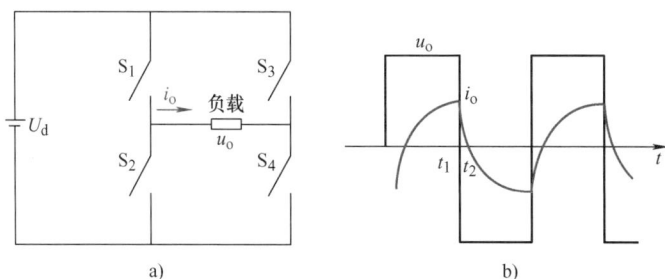

图 3-52 单向桥式逆变器主电路与波形图
a）逆变器主电路　b）波形图

问题引导 3： 逆变电路的换相方式有哪些？

在电路工作过程中，电流从一个支路向另一个支路转移的过程称为换相，换相也常称为换流。在换相过程中，有的支路要从通态转移到断态，有的支路要从断态转移到通态。从断态向通态转移时，无论支路是由全控型还是半控型电力电子器件组成，只要给门极适当的驱动信号，就可以使其开通。但从通态向断态转移的情况就不同：对于全控型器件，可以通过对门极的控制使其关断；对于半控型器件，不能通过对门极的控制使其关断，必须利用外部条件或采取其他措施才能使其关断。一般来说，换相方式可分为以下几种：

（1）器件换相　利用全控型器件的自关断能力进行换相称为器件换相。在采用 IGBT、IEGT、P - MOSFET、IGCT 等全控型器件的电路中，其换相方式即为器件换相。

（2）电网换相　由电网提供换相电压进行换相称为电网换相。对于可控整流电路，无论其工作在整流状态还是有源逆变状态，都是借助电网电压实现换相的，都属于电网换相。三相交流调压器和采用相控方式的交流-交流变频电路中的换相方式也都是电网换相。在换相时，只要把负的电网电压施加在欲关断的晶闸管上即可使其关断，这种换相方式不需要器件具有门极关断能力，也不需要为换相附加任何元件，但是不适用于没有交流电网的无源逆变电路。

（3）负载换相 由负载提供换相电压进行换向称为负载换相。凡是负载电流的相位超前于负载电压的场合，都可以实现负载换相；当负载为电容性负载时，即可实现负载换相。

图 3-53 所示为采用负载换相方式的并联谐振式逆变电路。其负载为阻感串联后和电容并联，工作于接近并联谐振状态而略呈电容性，直流侧串入大电感使直流输出电流平直，负载电流呈矩形波。

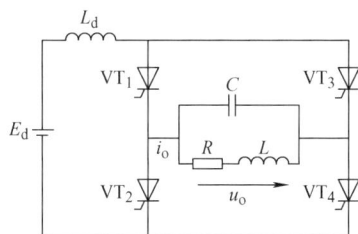

图 3-53 采用负载换相方式的并联谐振式逆变电路

（4）强迫换相 强迫换相需要设置附加的换相电路。给欲关断的晶闸管强迫施加反向电压或反向电流的换相方式称为强迫换相。强迫换相可使输出频率不受电源频率的限制，但需附加换相电路，同时要增加晶闸管的电压、电流定额，对晶闸管的动态特性要求也高。

图 3-54 中，由电容器直接提供换相电压的方式为直接耦合式强迫换相。预先给电容充上图示极性的电压，如果合上开关 S，晶闸管 VT 就被施以反向电压而关断。

图 3-55 中，通过换相电路内的电容和电感的耦合来提供换相电流或换相电压的方式为电感耦合式强迫换相。预先给电容充上图示极性的电压，合上开关 S，LC 振荡电流将反向流过晶闸管 VT，使 VT 的原工作电流不断下降，直到 VT 的电流减小到零后，负载电流全由电容 C 提供，VT 被施以反向电压而关断。

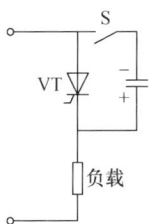

图 3-54 直接耦合式强迫换相

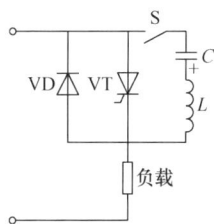

图 3-55 电感耦合式强迫换相

上述 4 种换相方式中，器件换相只适用于全控型器件，其余 3 种方式主要是针对晶闸管而言的。器件换相和强迫换相都是因为器件或变换器自身的原因而实现换相的，二者都属于自换相；电网换相和负载换相不是依靠变换器自身因素，而是借助外部手段（电网电压或负载电压）来实现换相的，它们属于外部换相。采用自换相方式的逆变电路称为自换相逆变电路，采用外部换相方式的逆变电路称为外部换相逆变电路。

在晶闸管时代，换相技术十分重要，但是到了全控型器件时代，换相技术就不重要了。现在强迫换相方式已停止应用，仅负载换相方式还有一定应用，如负载为同步电动机时，通过控制励磁电流使负载呈现容性，可以实现负载换相。

问题引导 4： 逆变器的分类有哪些？

为了满足不同用电设备对交流电源性能参数的不同要求，发展了多种逆变电路，并大致可按以下方式分类。

1）按输出电能的去向，可分为有源逆变电路和无源逆变电路。前者输出的电能返回公共交流电网，后者输出的电能直接输向用电设备。

2）按电流波形，可分为正弦逆变电路和非正弦逆变电路。前者开关器件中的电流为正弦波，其开关损耗较小，适合工作于较高频率；后者开关器件电流为非正弦波，因其开关损耗较大，所以工作频率较正弦逆变电路低。

3）按输出相数，可分为单相逆变电路和三相逆变电路。

4）按直流电源性质，可分为由电压型直流电源供电的电压型逆变电路和由电流型直流电源供电的电流型逆变电路。

1. 电压型逆变电路

（1）电压型逆变电路的特点

1）直流侧为电压源或并联大电容，直流侧电压基本无脉动。

2）输出电压为矩形波，输出电流因负载阻抗不同而不同。

3）阻感负载时需提供无功功率。为了给交流侧向直流侧反馈的无功能量提供通道，逆变桥各臂并联反馈二极管。

（2）电压型逆变电路的分类　电压型逆变电路分为单相电压型逆变电路和三相电压型逆变电路，单相电压型逆变电路分为半桥逆变电路、全桥逆变电路和带中心抽头变压器的逆变电路，三相电压型逆变电路应用最广泛的是三相桥式逆变电路。

1）半桥逆变电路。如图 3-56 所示，VT_1 和 VT_2 栅极信号在 1 个周期内各半周正偏、半周反偏，两者互补，输出电压u_o为矩形波，幅值为$u_m = u_d/2$。

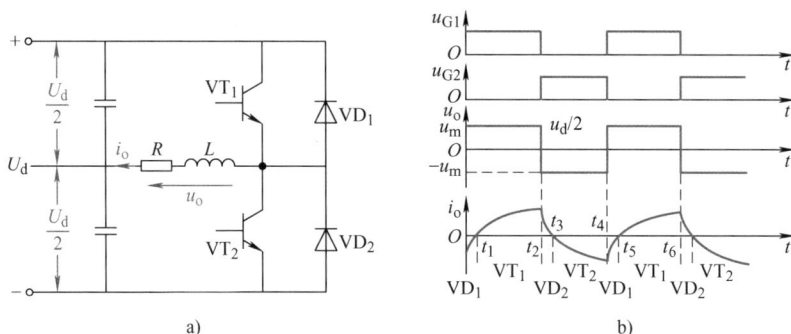

图 3-56　半桥逆变电路及其波形
a）电路　b）波形

VT_1 或 VT_2 导通时，i_o和u_o同方向，直流侧向负载提供能量；VD_1 或 VD_2 导通时，i_o和u_o反向，电感中储能向直流侧反馈。

VD_1、VD_2 称为反馈二极管，它起着使负载电流连续的作用，又称为蓄流二极管。

2）全桥逆变电路。如图 3-57 所示，共 4 个桥臂，可看成两个半桥电路组合而成。两对桥臂交替导通180°。输出电压和电流波形与半桥电路形状相同，幅值高出 1 倍。

要改变输出交流电压的有效值，只能通过改变直流电压 U_d 来实现。

3）带中心抽头变压器的逆变电路。如图 3-58 所示，交替驱动两个 IGBT，经变压器耦合给负载加上矩形波交流电压。两个二极管的作用是提供无功能量的反馈通道。U_d 和负载

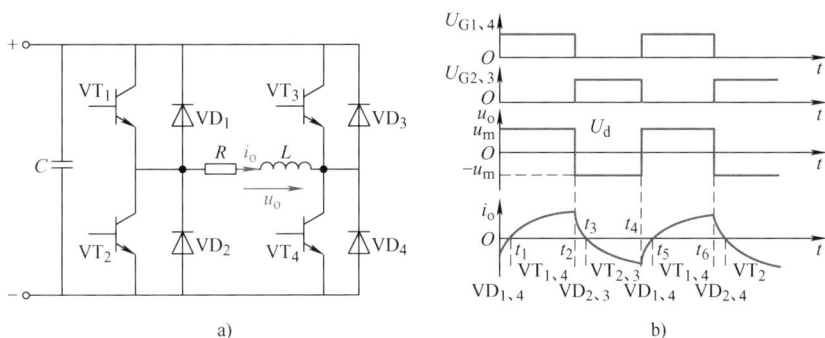

图 3-57　全桥逆变电路及其波形
a）电路　b）波形

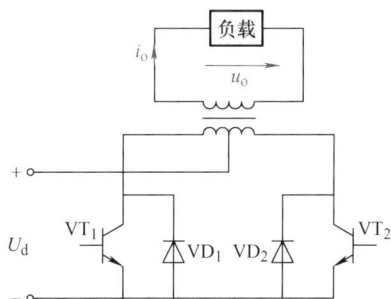

图 3-58　带中心抽头变压器的逆变电路

参数相同，变压器匝比为 1∶1，其波形及幅值与全桥逆变器电路完全相同。

其与全桥逆变器电路的比较：比全桥逆变器电路少用一半开关器件；器件承受的电压为 $2U_d$，比全桥逆变器电路高 1 倍；必须有一个变压器。

4）三相电压型逆变电路。如图 3-59 所示，3 个单相逆变电路可组合成一个三相逆变电路，应用最广的是三相桥式逆变电路。

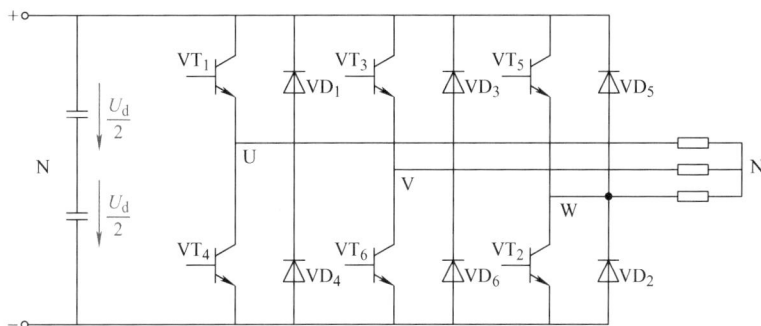

图 3-59　三相电压型逆变电路

其基本工作方式：每桥臂导电 180°，同一相上、下两臂交替导电，各相开始导电的角度差120°。任一瞬间有3个桥臂同时导通。每次换流都是在同一相上、下两臂之间进行，也称为纵向换流。

2. 电流型逆变电路

电流电源为电流源的逆变电路称为电流型逆变电路。电流型逆变电路中，采用半控型器件的电路仍应用得较多。换流方式有负载换流、强迫换流。电流型逆变电路可分为单相电流型逆变电路和三相电流型逆变电路。

（1）电流型逆变电路的主要特点

1）直流侧串联大电感，电流基本无脉动，相当于电流源。

2）交流输出电流为矩形波，与负载阻抗角无关。输出电压波形和相位因负载不同而不同。

3）电流侧电感起缓冲无功能量的作用，不必给开关器件并联反馈二极管。

（2）单相电流型逆变电路

1）电路原理。如图3-60所示，由4个桥臂构成，每个桥臂的晶闸管各串联一个电抗器，用来限制晶闸管导通时的 $\mathrm{d}i/\mathrm{d}t$。

工作方式为负载换相，电容 C 和 L、R 构成并联谐振电路。

输出电流波形接近矩形波，含基波和各奇次谐波，且谐波幅值远小于基波。

2）工作方式。实际工作过程中，感应线圈参数随时间变化，必须使工作频率适应负载的变化而自动调整，这种控制方式称为自励方式。固定工作频率的控制方式称为他励方式。

自励方式存在起动问题，解决方法：先用他励方式系统开始工作，再转入自励方式；附加预充电起动电路。

（3）三相电流型逆变电路　其工作原理如图3-61所示，其基本导电方式是120°导通、横向换流方式，任意瞬间只有两个桥臂导通。

导通顺序为 $\mathrm{VT}_1 \rightarrow \mathrm{VT}_2 \rightarrow \mathrm{VT}_3 \rightarrow \mathrm{VT}_4 \rightarrow \mathrm{VT}_5 \rightarrow \mathrm{VT}_6$，依次间隔60°，每个桥臂导通120°，这样每个时刻上、下桥臂组中各有一个臂导通。

输出电流波形与负载性质无关，输出电压波形由负载的性质决定。

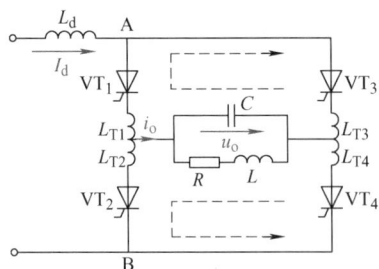

图3-60　单相电流型逆变电路

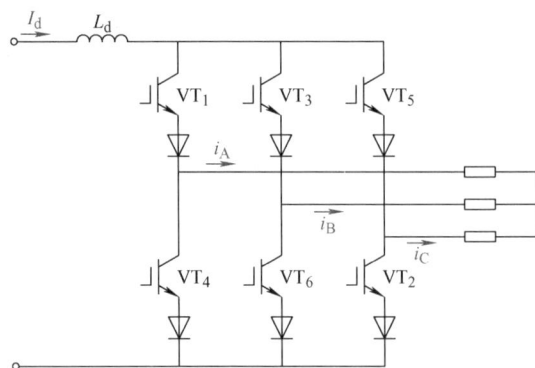

图3-61　三相电流型逆变电路

问题引导5： 逆变电路的应用有哪些？

逆变电路是新能源汽车的关键技术之一，主要应用于以下几个方面：

（1）电机驱动　三相逆变电路可以将直流电转换为交流电，为驱动电机提供可变频率、

可变幅值的三相交流电，从而实现驱动电机对变频（VSVF）空调压缩机的控制。

（2）发电机　三相逆变电路可以将发电机输出的交流电整流为直流电，进行最大功率点跟踪，提高系统效率。

（3）动力蓄电池充电　单相或三相的逆变电路可以实现将交流电转换为直流电为动力蓄电池充电，并可以进行脉冲宽度调制（PWM）控制来调节充电电压和电流，实现快速、多级充电。

（4）DC/DC变换（直流电）　使用升压、降压、增益等DC/DC逆变电路，可以进行电压匹配、稳压控制等。

（5）并网发电　逆变电路可以实现汽车动力蓄电池的并网发电，供电给电网。.

（6）蓄电池均衡管理　使用多路开关逆变电路来管理蓄电池组内单体蓄电池的均衡充、放电。通过使用先进的绝缘栅双极型晶体管（IGBT）、金属氧化物半导体场效应晶体管（MOSFET）、氮化镓（GaN）等器件和数字控制技术，可以设计出高效、可靠的新能源汽车逆变电路。

学习情境四

控制单元信号输入

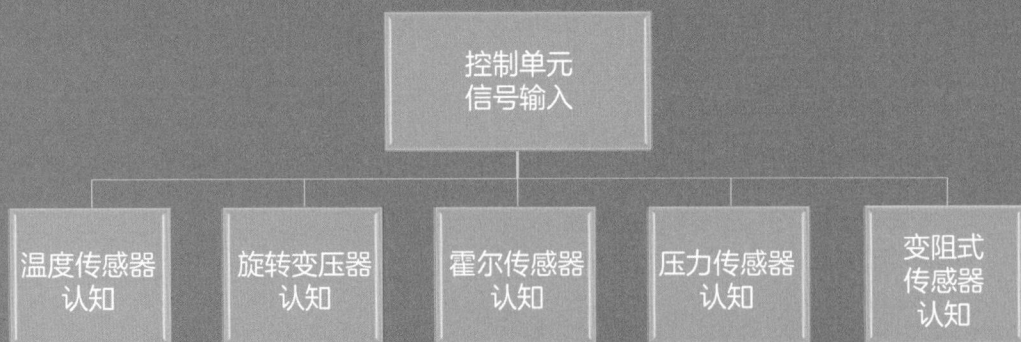

```
            ┌─────────────┐
            │   控制单元    │
            │   信号输入    │
            └─────────────┘
```

| 温度传感器认知 | 旋转变压器认知 | 霍尔传感器认知 | 压力传感器认知 | 变阻式传感器认知 |

学习任务 1　温度传感器认知

学习目标：了解温度传感器的基础知识。
能力目标：培养学生搜集和整理相关资料的能力。

知识准备

传感器是能够感受规定的被测量并按照一定的转换规律转换成可用的输出信号的器件或装置。传感器一般由敏感元件、转换元件、变换电路和辅助电源 4 部分组成。敏感元件直接感受被测量并输出与被测量有确定关系的物理量信号；转换元件将敏感元件输出的物理量信号转换为电信号；变换电路负责对转换元件输出的电信号进行放大调制；转换元件和变换电路一般还需要辅助电源供电。

温度传感器指能感受温度并转换成可用输出信号的传感器。温度传感器按测量方式可分为接触式和非接触式两大类，按照传感器材料及电子元件特性可分为热电阻和热电偶两类。在电动汽车中用到的传感器主要包括检测蓄电池温度的传感器、监测电机的温度传感器，以及用于蓄电池冷却系统的温度传感器等。

温度传感器的种类很多，常用的有热敏电阻式、金属热电阻式、线绕电阻式、晶体管式等。汽车上普遍采用热敏电阻式温度传感器。热敏电阻器是敏感元件的一类，按照温度系数不同分为正温度系数热敏电阻器（PTC）和负温度系数热敏电阻器（NTC）。热敏电阻器的典型特点是对温度敏感，不同的温度下表现出不同的电阻值。正温度系数热敏电阻器（PTC）在温度越高时电阻值越大，负温度系数热敏电阻器（NTC）在温度越高时电阻值越低，它们都属于半导体器件。

问题引导 1：　热敏电阻主要特点有哪些？

1）灵敏度较高，电阻温度系数要比金属大。
2）工作温度范围宽。
3）体积小，能够测量其他温度计无法测量的空隙、腔体或生物体内血管的温度。
4）使用方便，电阻值可任意选择。
5）易加工成复杂的形状，可大批量生产。
6）稳定性好、过载能力强。

问题引导 2：　热敏电阻的工作原理是什么？

当电路正常工作时，热敏电阻温度与室温相近、电阻很小，串联在电路中不会阻碍电流通过；而当电路因故障而出现过电流时，热敏电阻由于发热功率增大，导致温度上升，当温度超过开关温度时，电阻会瞬间剧增，回路中的电流迅速减小到安全值。热敏电阻动作后，电路中电流有了大幅度的降低，高分子 PTC 热敏电阻可通过设计自身的开关温度来调节其对温度的敏感程度，因而可同时起到过温保护和过电流保护两种作用。

问题引导3： 热敏电阻的材料有哪些？

热敏材料一般可分为半导体类、金属类和合金类3类。

1. 半导体热敏电阻材料

这类材料有单晶半导体、多晶半导体、玻璃半导体、有机半导体以及金属氧化物等。它们均具有非常大的电阻温度系数和高的电阻率，用其制成的传感器的灵敏度很高。半导体热敏电阻材料按电阻温度系数可分为负电阻温度系数材料和正电阻温度系数材料。在有限的温度范围内，负电阻温度系数材料的温度系数可达 $-6 \times 10^{-2}/℃$，正电阻温度系数材料的温度系数可高达 $-60 \times 10^{-2}/℃$ 以上。例如碳酸钡陶瓷就是一种理想的正电阻温度系数的半导体材料。上述两种材料均广泛用于温度测量、温度控制、温度补瞬、开关电路、过载保护以及时间延迟等，如分别用于制作热敏电阻温度计、热敏电阻开关和热敏电阻延迟继电器等。

半导体热敏电阻材料由于电阻和流度呈指数关系，因此测温范围狭窄、均匀性差。

2. 金属热敏电阻材料

此类材料在测温、限流器以及自动恒温加热元件中均有较为广泛的应用，如铂电阻温度计、镍电阻温度计、铜电阻温度计等。其中，铂测温传感器在各种介质中（包括腐蚀性介质）表现出明显的高精度和高稳定的特征。但是，由于铂的稀缺和价格昂贵而使它们的应用受到一定的限制。铜测温传感器较便宜，但在腐蚀性介质中长期使用可导致静态特性与阻值发生明显变化。

3. 合金热敏电阻材料

合金热敏电阻材料又称热敏电阻合金。这种合金具有较高的电阻率，并且电阻值随温度的变化较为敏感，是一种制造温敏传感器材料的良好材料。作为温敏传感器材料的热敏电阻合金性能要求如下：

1）有足够大的电阻率。

2）相当高的电阻温度系数。

3）具有接近于实验材料的线膨胀系数。

4）有小的应变灵敏系数。

5）在工作温度区间加热和冷却时，电阻温度曲线应有良好的重复性。

问题引导4： 热敏电阻温度传感器的应用有哪些？

热敏电阻可作为电子电路元件用于仪表电路温度补偿和温差电偶冷端温度补偿等。利用 NTC 热敏电阻的自热特性可实现自动增益控制，构成 RC 振荡器稳幅电路、延迟电路和保护电路。在自热温度远大于环境温度时，其阻值与环境的散热条件有关，因此，在流速计、流量计、气体分析仪、热导分析中，常利用热敏电阻这一特性制成专用的检测元件。PTC 热敏电阻主要用于电器设备的过热保护、无触点继电器、恒温、自动增益控制、电机起动、时间延迟和温度补偿等方面。

纯电动汽车上采用的暖风热源基本上都是电加热形式的 PTC 元件（以下简称 PTC）。PTC 被作为热源，通电之后发热，鼓风机使空气经过该元件，达到加热空气的效果。纯电动汽车暖风系统如图 4-1 所示。

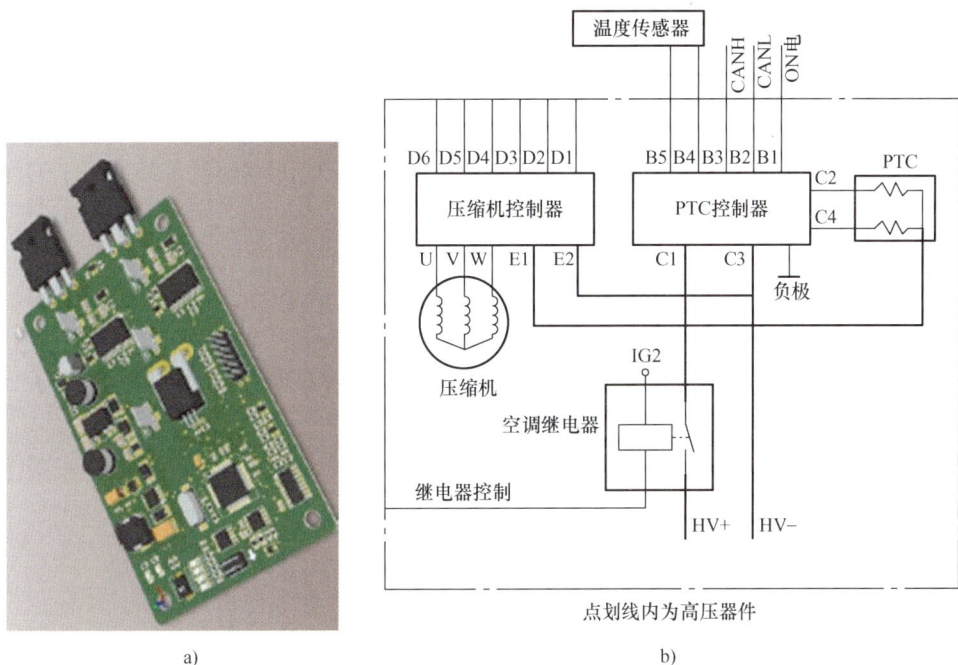

图 4-1　纯电动汽车暖风系统
a）PTC 控制器电路板　b）暖风系统电路

　　冷却液温度传感器为 NTC 类型传感器，即温度升高时电阻值变小。它利用 NTC 热敏电阻片作为感知元件，测量冷却液在不同温度下的电阻值，再转换成 0 ~ 5V 电压信号送给 ECU（电控单元），作为 ECU 向有关执行器发出工作指令的依据。纯电动汽车冷却系统如图 4-2 所示。

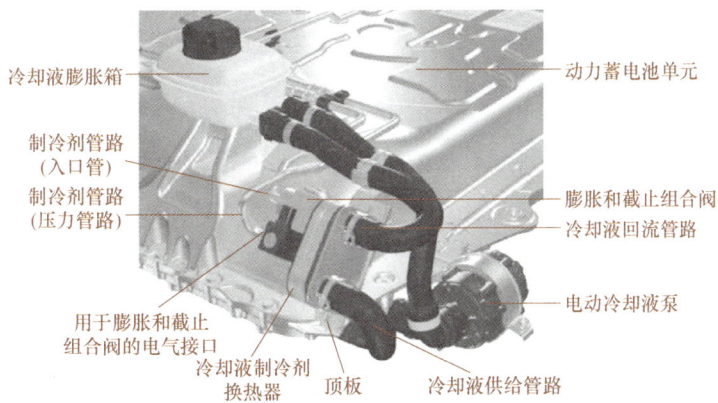

图 4-2　纯电动汽车冷却系统

　　冷却液温度传感器装在节温器座上，该传感器的两接线端子用导线分别与 ECU 端子相连接。当冷却液温度超过 98℃（或达 105℃）时，ECU 电控中心即令电磁冷却风扇工作。

在冷却液散热和空调冷凝器为一体的换热器中，ECU 还令空调压缩机电磁离合器断开，使空调停止运转。

电机温度传感器用于检测电机定子绕组的温度，并提供散热风扇起动的信号之一。温度传感器是 Pt1000 型正温度系数热敏电阻。

纯电动汽车动力蓄电池的温度是影响蓄电池剩余电量和使用寿命的重要因素之一。为准确、可靠地测得动力蓄电池各单体蓄电池的温度，几乎所有的纯电动汽车都采用了温度传感器采集单体蓄电池温度。

学习任务 2　旋转变压器认知

学习目标：了解旋转变压器的基础知识。
能力目标：培养学生搜集和整理相关资料的能力。

知识准备

旋转变压器的工作原理和普通变压器基本相似，区别在于普通变压器的一、二次绕组是相对固定的，所以输出电压和输入电压之比是常数，而旋转变压器的一、二次绕组随转子的角位移发生相对位置的改变，因而其输出电压的大小随转子角位移而发生变化，输出绕组的电压幅值与转子转角成正弦或余弦函数关系，或保持某一比例关系，或在一定转角范围内与转角成线性关系。旋转变压器在同步随动系统及数字随动系统中可用于传递转角或电信号；在解算装置中可作为函数的解算之用，故也称为解算器。旋转变压器检测电机转子位置，经过电机控制器内旋变解码器解码后，可获知电机当前转子位置，从而控制相应的 IGBT 功率管导通，按顺序给定子三相绕组通电，驱动电机旋转。

旋转变压器一般有两极绕组和四极绕组两种结构形式。两极绕组旋转变压器的定子和转子各有一对磁极，四极绕组各有两对磁极，主要用于高精度的检测系统。除此之外，还有多极式旋转变压器，用于高精度绝对式检测系统。

问题引导 1：　旋转变压器的优点有哪些？

1）非常好的抗恶劣环境条件的能力。

2）可以在更高的转速下运行（在输出 12bit 的信号下，允许电机的转速可达 60000r/min。而光学编码器，由于光电器件的频响一般在 200kHz 以下，在 12bit 时，速度只能达到 3000r/min）。

3）方便的绝对值信号数据输出。

问题引导 2：　旋转变压器的结构有哪些？

旋转变压器的结构和两相绕线式异步电机的结构相似，可分为定子和转子两大部分。定子和转子的铁心由铁镍软磁合金或硅钢薄板冲成的槽状心片叠成。它们的绕组分别嵌入各自的槽状铁心内。定子绕组通过固定在壳体上的接线柱直接引出。转子绕组有两种不同的引出方式。根据转子绕组两种不同的引出方式，旋转变压器分为有刷式和无刷式两种结构形式。

图 4-3 所示为有刷式旋转变压器。它的转子绕组通过换向器和电刷直接引出，其特点是结构简单、体积小，但因电刷与换向器是机械滑动接触的，所以旋转变压器的可靠性差，使用寿命较短。

图 4-4 所示为无刷式旋转变压器。它分为两大部分，即旋转变压器本体和附加变压器。附加变压器的铁心及其线圈均成环形，分别固定于转子轴和壳体上，径向留有一定的间隙。旋转变压器本体的转子绕组与附加变压器一次绕组连在一起，在附加变压器一次绕组中的电信号（即转子绕组中的电信号），通过电磁耦合，经附加变压器附加线圈间接地送出去。这种结构避免了电刷与集电环之间的不良接触造成的影响，提高了旋转变压器的可靠性及使用寿命，但其体积、质量、成本均有所增加。

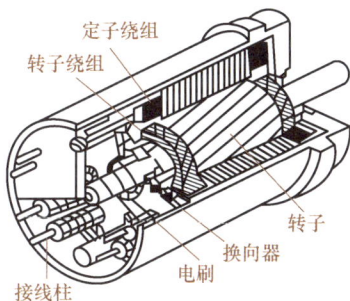

图 4-3　有刷式旋转变压器

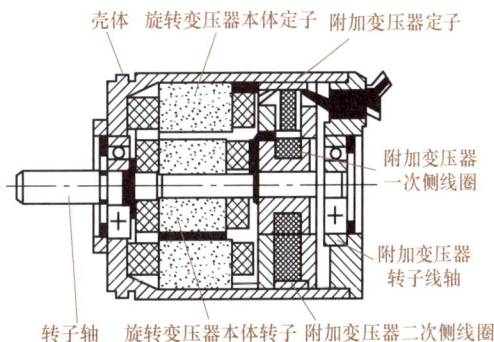

图 4-4　无刷式旋转变压器

由于有刷结构的存在，使得旋转变压器的可靠性很难得到保证。因此，目前这种结构形式的旋转变压器应用得很少，所以着重介绍无刷旋转变压器。目前无刷旋转变压器有两种结构形式，一种称为环形变压器式无刷旋转变压器，另一种称为磁阻式旋转变压器。

1. 环形变压器式旋转变压器

图 4-5 所示为环形变压器式无刷旋转变压器的结构。这种结构很好地实现了无刷、无接触。图中右侧部分是典型的旋转变压器的定、转子，在结构上有和有刷旋转变压器一样的定、转子绕组，做信号变换。左侧是环形变压器。它的一个绕组在定子上，一个绕组在转子上，同心放置。转子上的环形变压器绕组和做信号变换的转子绕组相连，它的电信号的输入、输出由环形变压器完成。

图 4-6 所示为磁阻式旋转变压器的示意图。磁阻式旋转变压器的励磁绕组和输出绕组放在同一套定子槽内，固定不动。但励磁绕组和输出绕组的形式不一样。两相绕组的输出信号仍然是随转角作正弦变化、彼此相差 90°电角度的电信号。转子磁极形状作特殊设计，使得气隙磁场近似于正弦形。转子形状的设计也必须满足所要求的极数。可以看出，转子的形状决定了极对数和气隙磁场的形状。磁阻式旋转变压器一般都做成分装式，以分装形式提供给用户，由用户自己组装配合。

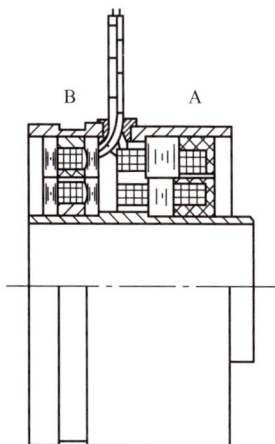

图 4-5　环形变压器式无刷旋转变压器的结构
A—普通旋转变压器　B—环形变压器

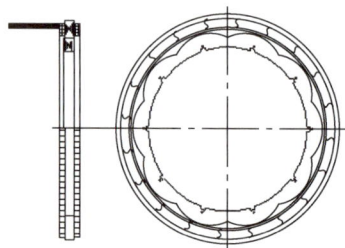

图 4-6　磁阻式旋转变压器示意图

2. 多极旋转变压器

图 4-7 所示为多极旋转变压器的结构示意图。图 4-7a、b 是共磁路结构，粗机、精机定转子绕组公用一套铁心。粗机指单对磁极的旋转变压器，精度低；精机指多对极的旋转变压器，精度高。图 4-7a 是旋转变压器的定子和转子组装成一体，由机壳、端盖和轴承将它们连在一起，称为组装式。图 4-7b 的定转子是分开的，称为分装式。图 4-7c、d 是分磁路结构，粗机、精机定转子绕组各有自己的铁心。图 4-7c、d 都是组装式，只是粗机、精机位置安放的形式不一样，图 4-7c 的粗机、精机平行放置，图 4-7d 的粗机、精机垂直放置，粗机在内腔。另外，也有单独的多极旋转变压器。应用时，若仍需要单对极的旋转变压器，则另外配置。

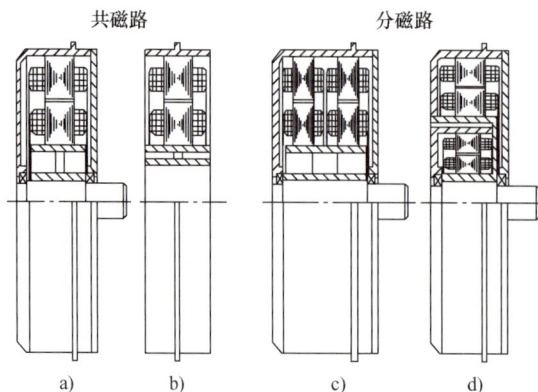

图 4-7　多极旋转变压器结构示意图
a）组装式　b）分装式　c）粗精平行放置　d）粗精垂直放置

对于多极旋转变压器，一般都必须和单极旋转变压器组成统一的系统。在旋转变压器的设计中，如果单极旋转变压器和多极旋转变压器设计在同一套定、转子铁心中，而分别有自己的单极绕组和多极绕组，这种结构的旋转变压器称为双通道旋转变压器。如果单极旋转变压器和多极旋转变压器都是单独设计，都有自己的定、转子铁心，这种结构的旋转变压器称为单通道旋转变压器。

问题引导 3: 旋转变压器的工作原理是什么？

1. 旋转变压器角度位置伺服控制系统

图 4-8 所示是一个比较典型的角度位置伺服控制系统。XF 为旋变发送机，XB 为旋转变压器。旋变发送机发送一个与机械转角有关的、作一定函数关系变化的电气信号，旋转变压器接收这个信号并产生和输出一个与双方机械转角之差有关的电气信号。伺服放大器接受旋转变压器的输出信号，作为伺服电动机的控制信号。经放大，驱动伺服电动机旋转，并带动接受旋转变压器转轴及其他相连的机构，直至达到和发送机一致的角位置。旋变发送机的初级，一般在转子上设有正交的两相绕组，其中一相作为励磁绕组，输入单相交流电压；另一相短接，以抵消交轴磁通，改善精度。次级也是正交的两相绕组。旋转变压器的一次侧一般在定子上，由正交的两相绕组组成；二次侧为单相绕组，没有正交绕组。

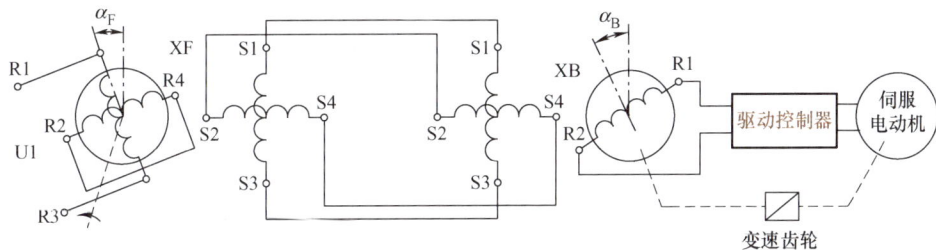

图 4-8　旋转变压器角度位置伺服控制系统

应该指出，由于结构的关系，磁阻式旋变只有旋变发送机，没有旋转变压器。

2. 工作原理

正余弦旋转变压器相当于一台调幅装置，励磁信号相当于载波信号，通常为 400Hz、1000Hz 或更高频率的正弦波，如图 4-9 所示。与转子旋转速度关联的正余弦信号相当于调制信号，旋转变压器静止时，正余弦绕组输出的是载波信号，旋转时，输出的是已调制的调幅信号。其工作原理如图 4-10 所示。旋转变压器是一种电磁式传感器。它是一种测量角度用的小型交流电动机，用来测量旋转物体的转轴角位移和角速度，由定子和转子组成。其中，定子绕组作为变压器的一次侧，接受励磁电压，励磁频率通常用 400Hz、3000Hz 及 5000Hz 等；转子绕组作为变压器的二次侧，通过电磁耦合得到感应电压。

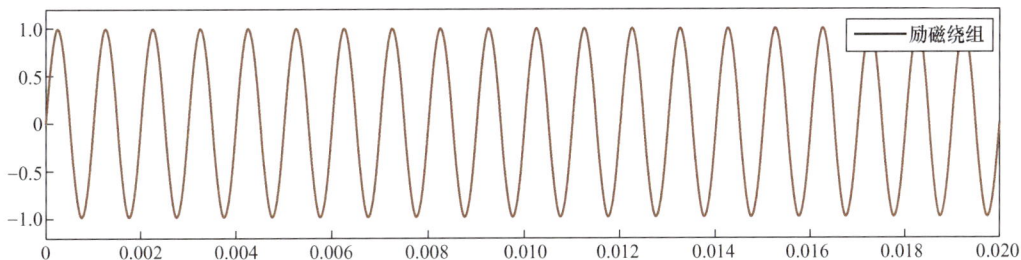

图 4-9　载波信号波形图

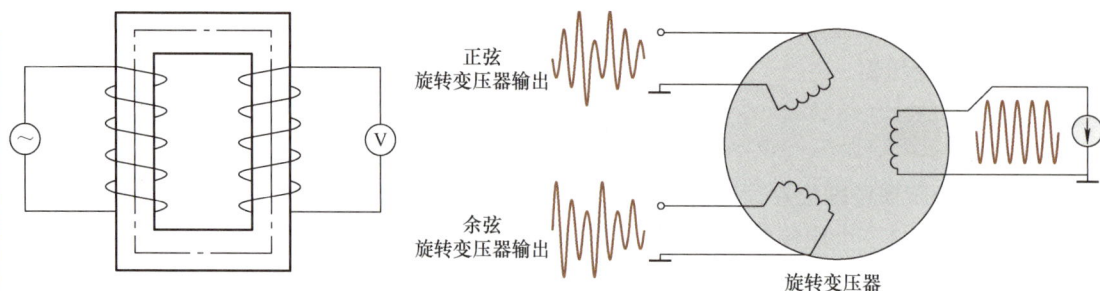

图 4-10 工作原理

3. 旋转变压器单独作为测角元件

在很多场合下，旋转变压器可以单独作为测角元件用，直接和角度信号变换单元连接，由角度变换单元输出角度信号数据。

> **问题引导4：** 旋转变压器的主要参数和性能指标有哪些？

1）额定励磁电压和励磁频率。励磁电压都采用比较低的数值，一般在 10V 以下。旋转变压器的励磁频率通常采用 400Hz，以及（5~10）kHz。

2）电压比和最大输出电压。电压比指当输出绕组处于感生最大输出电压的位置时，输出电压和一次侧励磁电压之比。

3）电气误差。输出电动势和转角之间应符合严格的正、余弦关系。如果不符，就会产生误差，这个误差又称为电气误差。根据不同的误差值确定旋转变压器的精度等级。不同的旋转变压器类型，所能达到的精度等级不同。

4）阻抗。一般而言，旋转变压器的阻抗随转角变化而变化，以及和一、二次侧之间相互角度位置有关。因此，测量时应该取特定位置。有这样 4 个阻抗：开路输入阻抗、开路输出阻抗、短路输入阻抗和短路输出阻抗。在目前的应用中，作为旋转变压器负载的电子电路阻抗都很大，因而往往都把电路看作空载运行。在这种情况下，实际上只给出开路输入阻抗即可。

5）相位移。相位移是在二次侧开路的情况下，二次输出电压相对于一次励磁电压在时间上的相位差。相位差的大小随着旋转变压器的类型、尺寸、结构和励磁频率不同而变化。一般尺寸小、频率低、极数多时相位移大，磁阻式旋变相位移最大，环形变压器式的相位移次之。

6）零位电压。输出电压基波同相分量为零的点称为电气零位，此时所具有的电压称为零位电压。

7）基准电气零位。确定为角度位置参考点的电气零位点称作基准电气零位。

> **问题引导5：** 旋转变压器的信号变换方式有哪些？

旋转变压器的信号输出是两相正交的模拟信号，它们的幅值随着转角做正余弦变化，频率和励磁频率一致。这样一个信号还不能直接应用，需要角度数据变换电路，把一个模拟量变换成明确的角度量，这就是旋转变压器数字变换器（RDC）电路。在数字变换中有两个明显的特征：①为了消除由于励磁电源幅值和频率的变化所引起的二次输出信号幅值和频率的变化，从而造成角度误差，信号的检测采用正切法，即检测两相信号的比值，这就避免了幅值和频率变化的影响；②采用适时跟踪反馈原理测角，是一个快速的数字随动系统，属于无静差系统。目前采用的大多都是专用集成电路，例如美国 AD 公司的 AD2S1200、AD2S1205 带有参考振荡器的 12 位数字 R－D 变换器以及 AD2S1210 的 10～16 位数字、带有参考振荡器的数字可变 R－D 变换器。图 4-11 所示为旋转变压器和 RDC 的连接示意图，位置信号和

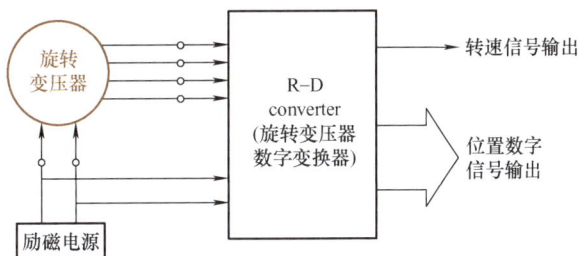

图 4-11　旋转变压器和 RDC 的连接示意图

速度信号都是绝对值信号，它们的位数由 RDC 的类型和实际需要决定（10 位到 16 位）。有串行或并行两种形式的输出。上述的几种 RDC 芯片，还可将输出信号变换成编码器形式的输出，即正交的 A、B 和每转 1 个的 Z 信号。励磁电源同时接旋转变压器和 RDC，在 RDC 中作为相位的参考。

用 DSP 实现旋转变压器的解码，具有这样一些明显的优点：

1）降低成本，取消了专用的 RDCIC 芯片。

2）采用数字滤波器，可以消除速度带来的滞后效应。用软件实现带宽的变换，以折中带宽和分辨率的关系，并使带宽作为速度的函数。

3）抗环境噪声的能力更强。

问题引导 6： 旋转变压器的分类有哪些？

按输出电压与转子转角间的函数关系，主要分为以下 3 类旋转变压器：

1）正余弦旋转变压器。其输出电压与转子转角的函数关系成正弦或余弦函数关系。

2）线性旋转变压器。其输出电压与转子转角成线性函数关系。线性旋转变压器按转子结构分成隐极式和凸极式两种。

3）比例式旋转变压器。其输出电压与转角成比例关系。

多极型旋转变压器与多极型自整角机相似，其主要差别仅在于绕组的相数。多极式产品精度比两极式高一个数量级以上。双通道旋转变压器是将两个极对数不等的旋转变压器合在一起。其结构有共磁路和分磁路两种形式。后者是将粗机、精机用机械组合成一体，各自绕组有单独的铁心，磁路分开。前者是粗机、精机绕组同时嵌入铁心中，绕组彼此独立，磁路共用。上述两个旋转变压器组成为电气变速的双通道旋转变压器系统。它不同于两个相同且独立的旋转变压器和减速器组成机械变速的双通道旋转变压器系统。因同步随动系统中采用机械变速的双通道系统满足不了要求，须采用电气变速双通道系统，这种系统不仅把精度提高到秒级，而且结构简单、可靠。

磁阻式旋转变压器是一种多极旋转变压器的特殊形式。它利用磁阻原理实现电信号转换。定子铁心开有大、小齿，小齿均布在大齿的齿端部位，定子上大槽内同时嵌入单相励磁绕组和两相输出绕组。转子铁心由均布的小齿的冲片叠成，其齿数即为极对数。励磁绕组通电后，由于气隙磁导随着转子转角变化，使得输出绕组的输出电压变化周期即为转子的齿数，起到多极形式的作用。其结构简单、尺寸小、精度高，且无接触，大大提高了系统的可靠性，其精度为秒级。

旋转变压器的应用有哪些？

旋转变压器的应用，近几年发展很快。除了传统的、要求可靠性高的军用、航空航天领域之外，在工业、交通以及民用领域也得到了广泛的应用。特别应该提出的是，随着工业自动化水平的提高，随着节能减排的要求越来越高，效率高、节能显著的永磁交流电动机的应用越来越广泛。永磁交流电动机的位置传感器原来是以光学编码器居多，但近些年来，却迅速地被旋转变压器代替。

目前，各国都非常重视的电动汽车中，位置、速度传感器都是旋转变压器。例如，驱动电机的位置传感、电动助力转向盘电动机的位置速度传感、燃气阀角度测量、真空室传送器角度位置测量等，都是采用旋转变压器。

学习任务3　霍尔传感器认知

学习目标： 了解霍尔传感器的基础知识。
能力目标： 培养学生搜集和整理相关资料的能力。

知识准备

霍尔传感器是一种磁传感器。用它可以检测磁场及其变化，可在各种与磁场有关的场合中使用。霍尔传感器以霍尔效应为工作基础，是由霍尔元件和附属电路组成的集成传感器。

霍尔元件的基本结构有哪些？

1. 基本结构

霍尔元件是将一种半导体四端薄片（霍尔片）做成正方形，在薄片上焊有两对电极引出线，然后采用非导磁金属或陶瓷或环氧树脂封装制成的。霍尔元件的元件如图 4-12 所示，引出的电极其中一对为控制电流端，一般以红色导线标记，另一对为霍尔电动势输出端，常用绿色导线标记。

2. 霍尔效应

如图 4-13 所示，一块 N 型半导体薄片，其长度为 L，宽度为 l，厚度为 d。在垂直于该半导体薄片平面的上方，施加磁感应强度为 B 的磁场，在半导体薄片相对的两边通以控制电流 I，当 N 型半导体中的载流子（电子）沿着电流 I 相反地方向运动时，受到洛仑兹力 F_L 的作用，使电子偏向一端，产生负电荷的积聚，而另一端面为正电荷积聚，产生了静电场（即霍尔电场）。

霍尔电场对电子的作用力 F_E 与洛仑兹力 F_L 方向相反，将阻止电子继续偏转，最后形成动态平衡，此时在半导体薄片电荷积聚的两边将产生一个与控制电流 I 和磁感应强度 B 乘积成正比的电势 U_H，这一现象称为霍尔效应，该电动势称为霍尔电动势。

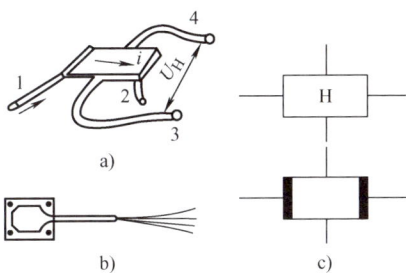

图 4-12　霍尔元件
a）霍尔片　b）外形　c）符号
1、2—控制电流端　3、4—霍尔电动势输出端

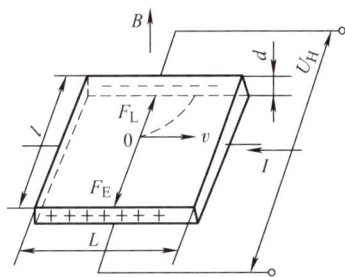

图 4-13　霍尔效应原理图

3. 主要技术参数

1）额定功耗 P_0。霍尔元件在环境温度 $T = 25℃$ 时，允许通过霍尔元件的电流 I 和电压 E 的乘积，分最小、典型、最大 3 档，单位为 mW。当供给霍尔元件的电压确定后，根据额定功耗可以知道额定控制电流 I，因此有些产品提供控制电流，就不再给出额定功耗 P_0。

2）输入电阻 R_i。霍尔元件两控制电流端的直流电阻称为输入电阻 R_i。它的数值从几十欧到几百欧视不同型号的元件而定。温度升高，输入电阻变小，从而使输入控制电流 I 变大，最终引起霍尔电动势变大。

3）输出电阻 R_0。两个霍尔电动势输出端之间的电阻称为输出电阻 R_0。它的数值与输入电阻为同一数量级。它也随温度改变而改变。选择适当的负载电阻 R_L 与之匹配，可以使由温度引起的霍尔电动势的漂移减至最小。

4）不等位电动势 U_0。在额定控制电流下，当外加磁场为零时，霍尔元件输出端之间的开路电压称为不等位电动势 U_0。它是由于 4 个电极的几何尺寸不对称引起的，使用时多采用电桥法来补偿不等位电动势引起的误差。

5）灵敏度 K_H。霍尔元件在单位磁感应强度和单位控制电流作用下的空载霍尔电动势值，称为霍尔元件的灵敏度 K_H。

6）霍尔电动势温度系数 α。在一定磁场强度和控制电流的作用下，温度每变化 1℃ 时霍尔电动势变化的百分数称为霍尔电动势温度系数。它与霍尔元件的材料有关，一般约为 $0.1\%/℃$。在要求较高的场合下，应选择低温漂的霍尔元件。

7）最大控制电流 I_m。由于霍尔电动势随控制电流增大而增大，故在应用中应选用较大的控制电流。但控制电流增大，霍尔元件的功耗增大，元件的温度升高，会引起霍尔电动势的温漂增大，因此每种型号的元件均规定了相应的最大控制电流 I_m。它的数值从几毫安至几十毫安不等。

问题引导 2： 霍尔传感器的使用需要注意什么？

1. 霍尔传感器的外形、符号及管脚定义

霍尔传感器是根据霍尔效应制作的一种磁场传感器。通过霍尔效应实验测定的霍尔系数，能够判断半导体材料的导电类型、载流子浓度及载流子迁移率等重要参数。其外形如图 4-14 所示，符号和管脚定义如图 4-15 所示。

图 4-14 霍尔传感器的外形

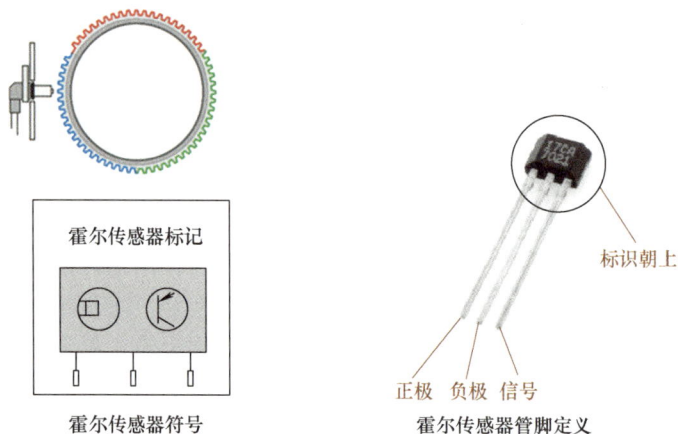

霍尔传感器标记

霍尔传感器符号

标识朝上

正极 负极 信号

霍尔传感器管脚定义

图 4-15 符号和管脚定义

2. 霍尔传感器的工作原理

它由一块可以导电的半导体晶片组成，半导体中的电子呈现均匀分布，半导体如果被磁场贯穿，电子就会沿着与电流垂直的方向往一侧移动，从而导致电子分布不均，一侧电子多，另一侧电子少，于是产生了电压，这就是霍尔电压，如图 4-16 所示。

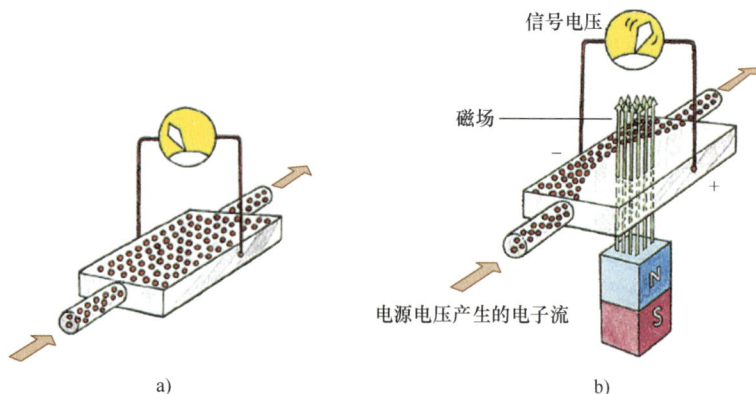

信号电压

磁场

电源电压产生的电子流

a)   b)

图 4-16 工作原理

3. 霍尔传感器在汽车上的应用

1）轮速传感器。电动汽车广泛应用霍尔式轮速传感器（图 4-17）来检测车辆的车速，整车控制器（ECU）利用该信号来调控驱动电机的转速和转矩的生成。

2）霍尔电流传感器。电动汽车广泛应用霍尔电流传感器（图 4-18）来检测动力蓄电池

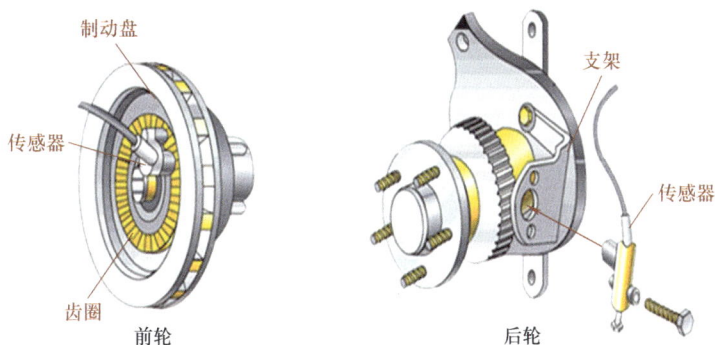

图 4-17　霍尔式轮速传感器

制动盘

传感器

齿圈

前轮

支架

传感器

后轮

图 4-18　霍尔电流传感器

母线电流。它是基于磁平衡式霍尔原理，通过绕在磁芯上的多匝线圈输出反向的补偿电流，用于抵消一次侧产生的磁通，使得磁路中磁通始终保持为零。经过特殊电路的处理，传感器的输出端能够输出精确反映一次电流的数值变化。

学习任务 4　压力传感器认知

学习目标：了解压力传感器的基础知识。

能力目标：培养学生搜集和整理相关资料的能力。

知识准备

　　压力传感器是工业自动化应用较为广泛的一种传感器，常用来检测气体和液体压力，并将压力信号转化为电压信号。常见的压力传感器有半导体压阻式传感器、真空膜盒式压力传感器、应变片式压力传感器及膜片弹簧式压力传感器 4 种。

　　半导体压阻式压力传感器是应用较为广泛的压力传感器。沿一块半导体的某一轴向施加压力使其变形，它的电阻率会发生显著变化，这种现象称为半导体的压阻效应。利用半导体材料的压阻效应制成的传感器称为压阻式传感器。目前使用最多的是单晶硅半导体。由于压力的原因，硅晶体的电阻发生变化，变化的大小与受到的压力大小有关，同时与材料本身的压阻系数有关。影响压阻系数的最主要因素是环境温度和扩散杂质的表面浓度。压阻系数随扩散杂质浓度的增大而减小。扩散杂质浓度较大时，压阻系数减小。当表面杂质浓度较低时，温度上升，压阻系数下降较快；增大表面杂质浓度，温度升高，压阻系数下降较慢。压阻式压力传感器灵敏度高、尺寸小、横向效应小、滞后和蠕变小，适于动态测量。由于压阻式压力传感器无活动部件，所以它工作可靠、耐振、耐冲击、耐腐蚀、抗干扰能力强以及可以在恶劣环境下工作。但由于压阻式压力传感器是用半导体材料制作的，受温度影响较大，因此，在温度变化大的环境中使用时，必须进行温度补偿。压阻式压力传感器制作工艺复杂，对研制条件要求高而严格，尤其是扩散杂质、烧结、封装工艺等比其他传感器要复杂得多，因而成本较高。

问题引导1： 压力传感器的工作特性是什么？

　　压阻式压力传感器由于体积小、精度高、成本低、响应性、再现性和稳定性好，在汽车上得到广泛应用。压力传感器的外形、符号及工作特性如图4-19所示，引脚说明如图4-20所示。

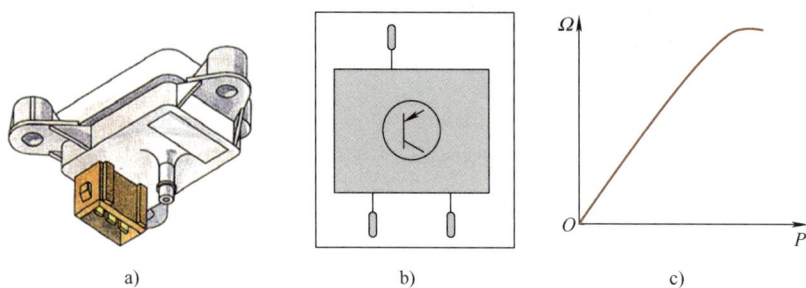

图4-19　压力传感器外形、符号及工作特性
a）外形　b）符号　c）工作特性

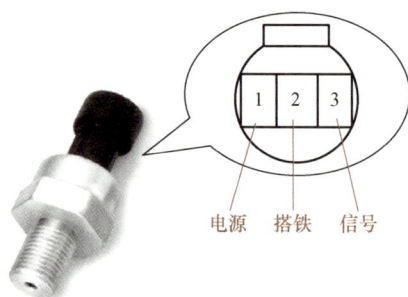

图4-20　引脚说明

问题引导2： 压力传感器的工作原理是什么？

　　如图4-21所示，压力传感器利用单晶硅材料的压阻效应和集成电路技术制成，单晶硅材料在受到压力的作用后，电阻率发生变化，通过测量电路就可得到正比于压力变化的电信号输出。

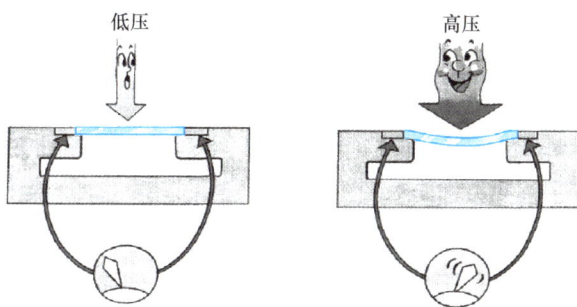

图 4-21　工作原理

问题引导 3： 压力传感器在汽车上的应用有哪些？

1. 空调压力传感器（图 4-22）

纯电动汽车广泛使用压力传感器来检测空调管道中制冷剂的压力，当系统压力过低时，切断压缩机电路，防止压缩机回油润滑差导致卡死；当系统压力过高时，也切断压缩机电路，防止压缩机排气压及温度过高，润滑油黏度下降，压缩机内部抱死。同时，可以反馈信号回 ECU，以及时调整散热风扇的转速。

2. 胎压监测传感器

越来越多的电动汽车上开始使用胎压监测传感器（图 4-23），它能有效地在汽车行驶过程中对轮胎气压进行实时自动监测，并对轮胎漏气和低气压进行报警，以确保行车安全。

图 4-22　空调压力传感器

胎压监测传感器

图 4-23　胎压监测传感器

学习任务 5　变阻式传感器认知

学习目标：了解变阻式传感器的基础知识。

能力目标：培养学生搜集和整理相关资料的能力。

变阻式传感器又称为电位器式传感器。它由电阻元件及电刷（活动触点）两个基本部分组成。电刷相对于电阻元件的运动可以是直线运动、转动和螺旋运动，因而可以将直线位移或角位移转换为与其成一定函数关系的电阻或电压输出。利用电位器作为传感元件可制成各种电位器传感器，除可以测量线位移或角位移外，还可以测量一切可以转换为位移的其他物理量参数，如压力、加速度等。按其结构形式不同，电位器可分为线绕式、薄膜式、光敏式等，线绕电位器分为单圈式和多圈式两种；按其特性曲线不同，电位器可分为线性电位器和非线性（函数）电位器。

问题引导1： 变阻式传感器的工作原理是什么？

常用的变阻器式传感器有直线位移型、角位移型等，如图4-24所示。由图可知，变阻器式传感器是三端电阻器件，调节动触点位置可将被测位移等变换为电阻的变化。

图4-24a中，被测位移使触点C沿变阻器移动，C点与A点之间电阻为

$$R = k_l x$$

传感器灵敏度为

$$S = \frac{\mathrm{d}R}{\mathrm{d}x} = k_l$$

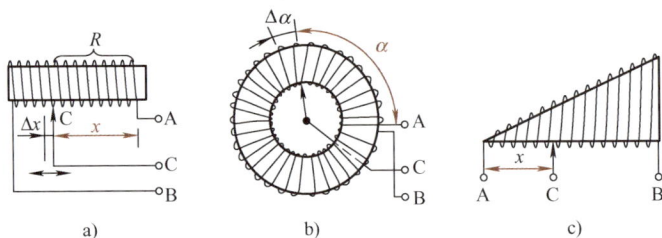

图4-24 变阻器式传感器
a）直线位移型 b）角位移型 c）非线性型

当导线分布均匀时，单位位移时的电阻值 k_l 为一个常数，传感器的输出与输入呈线性关系。图4-24b中的电阻值随转角 α 变化。其灵敏度为

$$S = \frac{\mathrm{d}R}{\mathrm{d}a} = k_\alpha$$

式中，α 为转角（rad）；k_α 为单位弧度对应的电阻值，当导线分布均匀时，k_α 为常数。

图4-24c是一种非线性变阻器式传感器。被测量与变阻器触点位移 x 成某种函数关系，若要获得与被测量呈线性关系的输出，则要应用这种非线性型的变阻器式传感器。这种传感器的骨架形状需根据所要求的输出函数确定。例如，被测量为 $f(x) = kx^2$，要使输出电阻 $R(x)$ 与 $f(x)$ 为线性关系，则变阻器骨架应做成直角三角形。如 $f(x) = kx^3$，则应采用抛物线形的骨架。

考虑负载效应后，传感器的输出电压可按图4-25所示电阻分压关系确定：

$$e_y = \frac{e_0}{\dfrac{x_p}{x} + \left(\dfrac{R_p}{R_L}\right)\left(1 - \dfrac{x}{x_p}\right)}$$

式中，R_p 为变阻器总电阻；x_p 为变阻器总长度；R_L 为负载电阻，应使 $R_L \gg R_p$。

变阻器式传感器结构简单、性能稳定、使用方便。因受电阻丝直径的限制，分辨力很难优于 $20\mu m$。触点和电阻丝接触表面磨损、尘埃附着等将使触点移动中接触电阻发生不规则的变化，产生噪声。用导电塑料制成的变阻器性能得到显著改善。

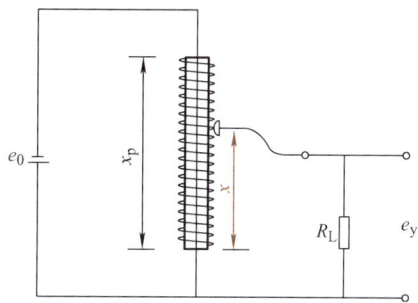

图 4-25　非线性变阻器式传感器

问题引导2： 变阻式传感器在电动汽车上的应用有哪些？

1. 加速踏板位置传感器

加速踏板位置传感器（图4-26）是人机对话的窗口，通过控制电流的大小可以控制驱动电机的转矩和转速。它是通过驾驶人控制踏板臂的旋转角度，来控制位置传感器输出的电压，然后将电压信号传递给 ECU，ECU 根据位置传感器输出电压信号控制驱动电机电流的大小，达到控制驱动电机转矩的目的。

2. 制动深度传感器

制动深度传感器（图4-27）接受制动踏板深度的信号，电机控制器实现对驱动电机的控制，如驱动电机的转速控制、制动的回馈、制动优选等。

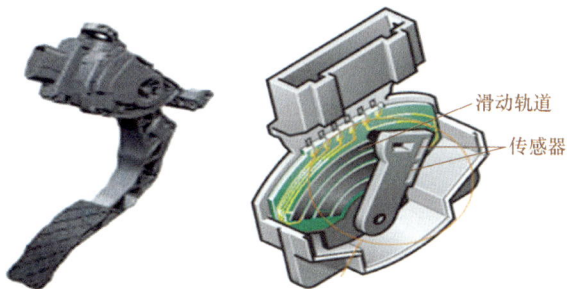

图 4-26　加速踏板位置传感器

图 4-27　制动深度传感器

学习情境五

执 行 器

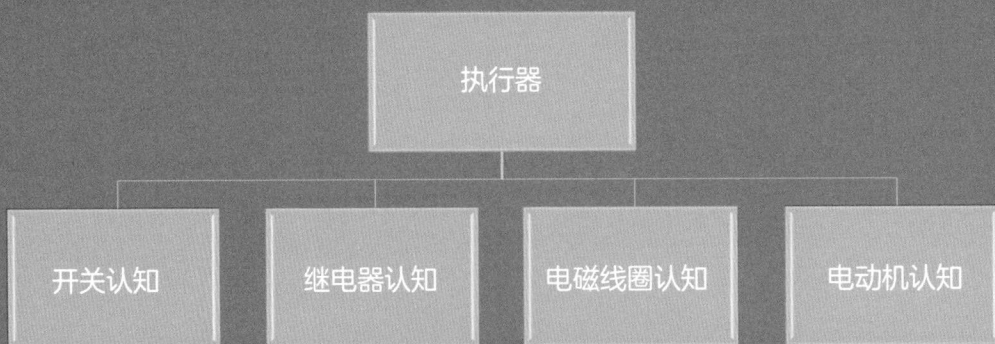

学习任务1　开关认知

学习目标：了解开关的基础知识。
能力目标：培养学生搜集和整理相关资料的能力。

知识准备

　　传感器给控制模块提供信号，但控制模块控制车辆系统必须通过各种类型的执行器。每一个执行器都是一个机电设备，有以下几种类型：开关、继电器、电磁线圈和电动机。

　　开关是用于控制流过电路或者元器件的电流路径的一种装置，一般来说，开关位于两根导线或者导体之间，具有打开和关闭两种运作方式。在开关的内部，触点闭合时让电流通过；触点断开时，电流就停止。

问题引导1： 开关的外形有哪些？

　　一般开关都有一个操纵柄（图5-1），它用来控制开关的开与关工作状态。开关件的引脚至少是两根，它的外壳作用之一是固定开关，外壳与各引脚之间绝缘。

图5-1　开关的外形

问题引导2： 开关的符号有哪些？

　　不同的开关件具有不同的图形符号（图5-2），但是各种开关的图形符号都能够准确地表达下列两点识图信息：能够表示开关件有几根引脚，如果是多组开关，能表示每组开关有几根引脚；能够表示有几个刀片，一个或多个，从而可以识别是几刀几掷的开关件。

问题引导3： 开关的工作原理是什么？

　　开关只能进行电路的通、断控制，即只有通和断两个状态（图5-3），不能进行更多的转换控制，它实现了开关件中最基本的功能。刀片触点与定片触点接通状态时，开关处于接通工作状态。在开关接通后，刀片触点与定片触点之间的电阻应该为零，这是开关的接触电阻，接触电阻越小越好。刀片触点与定片触点断开状态时，开关处于断开工作状态。在开关断开后，刀片触点与定片触点之间的电阻应该为无穷大，这是开关的断开电阻，接触电阻越大越好。

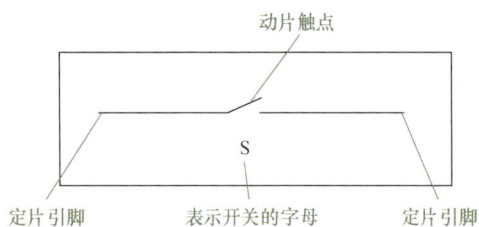

图 5-2　开关的符号

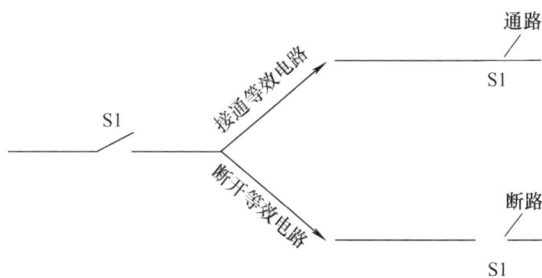

图 5-3　开关的工作原理

问题引导 4： 开关的分类有哪些？

开关分为拨动开关、定时开关、按钮开关、接触开关和微动开关。

1. 拨动开关（图 5-4）

拨动开关使用机械手柄或操作杆来打开或者关闭。它可分为单极单掷（SPST）和多极多掷（MPMT）两种。在大多数车辆上使用拨动开关（以摇臂式开关的结构形式）控制雾灯回路。多极多掷（MPMT）拨动开关上有多于一个的输入端和多于一个的输出端，可以在相同的时间控制不同的元器件或者装置。点火开关是 MPMT 拨动开关的一个应用实例，它在同一时间内控制多个回路。

2. 定时开关

定时开关上有一组双金属片、加热元件和触点。双金属片是用两种不同的金属做成的，它们对温度变化的响应速度不同，当金属片被加热或冷却时，双金属片就会弯曲或者伸直。正常状态下，开关是闭合的，当电流通过后加热元件会引起双金属片改变形状，断开触点。当电源被关断之后，双金属片冷却下来，触点就闭合，使开关复位。定时开关通常使用在后窗除霜器上，如图 5-5 所示。

图 5-4　拨动开关

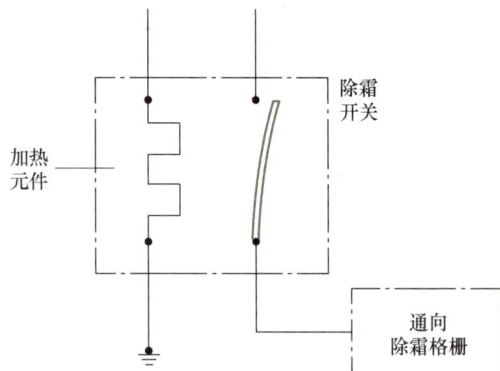

图 5-5　定时开关

3. 按钮开关

按钮开关使用一个可移动的柱塞（图 5-6），压下时激活电路，释放时断开触点。按钮开关通常使用在电喇叭电路中，控制电喇叭。

4. 接触开关

接触开关有一个柱塞（图5-7），当它被压下时使电路断开，释放时使电路激活。接触开关一般使用在车厢顶灯电路中，当车门被打开时使顶灯亮。

图5-6　按钮开关

图5-7　接触开关

5. 微动开关

微动开关是一种小型的开关（图5-8），内置单组动断触点。当开关被压下时使电路断开。微动开关通常使用在车窗电机电路中来限制车窗的行程。在车窗行程的两端安装有微动开关，当车窗边框碰到开关时会把它激活。

问题引导5： 开关信号在汽车上的应用有哪些？

1. 制动开关（图5-9）

制动开关信号的作用是在电机控制器上电时确认车辆的安全性。

图5-8　微动开关

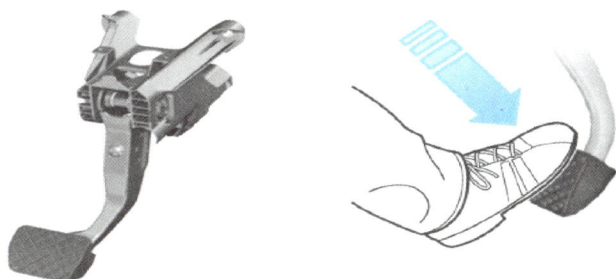

图5-9　制动开关

2. 点火开关（图5-10）

点火开关信号的作用主要是给全车上电，进行信息交换，匹配钥匙。

3. 空档档位开关（图5-11）

空档起动开关信号主要用于ECU识别变速机构是否处在P位或N位，若处在P位或N位，则空档开关将闭合，同时变速执行器是人机对话的窗口。

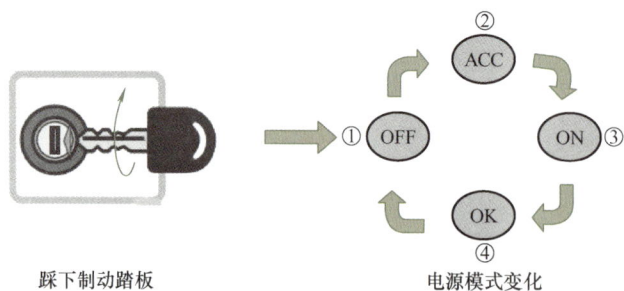

图 5-10　点火开关

踩下制动踏板　　　　　　　　　　电源模式变化

图 5-11　空档档位开关

学习任务2　继电器认知

学习目标： 了解继电器的基础知识。
能力目标： 培养学生搜集和整理相关资料的能力。

知识准备

　　大部分汽车只要掀起前机舱盖找到继电器安装盒，都可以寻到继电器。汽车灯光、刮水器、电动座椅、电动门窗、防抱死装置、悬架控制、音响等都要用到控制继电器，它是汽车使用最多的电子元器件之一。

问题引导1：　继电器由什么组成？

　　汽车继电器由磁路系统、接触系统和复原机构组成。磁路系统由铁心、轭铁、衔铁、线圈等零件组成。接触系统由静簧片、动簧片、触点底座等零件组成。复原机构由复原簧片或拉簧组成。

问题引导2：　继电器的工作原理是什么？

　　当电磁继电器线圈两端加上一定的电压或通入电流时，线圈产生的磁通通过铁心、轭铁、衔铁、磁路工作气隙组成的磁路，在磁场的作用下，衔铁吸向铁心极面，从而推动触点，动断触点断开、动合触点闭合；当线圈两端电压或电流小于一定值时，机械反力大于电磁吸力，衔铁回到初始状态，动合触点断开、动断触点接通。

可以把汽车继电器看成是由线圈工作的控制电路和触点工作的主电路两个部分组成的集合体。在继电器的控制电路中，只有较小的工作电流，这是由于操纵开关的触点容量较小，不能用来直接控制用电量较大的负荷，只能通过继电器的触点来控制它的通断。继电器既是一种控制开关，也是控制对象（执行器）。

问题引导3： 继电器的分类有哪些？

1. 常闭继电器

常闭继电器在不被激活的状态下允许电流流动，触点一直处于闭合状态，直到被激活时才断开（图5-12），中断电流的流动。常闭继电器通常使用在防盗系统中。

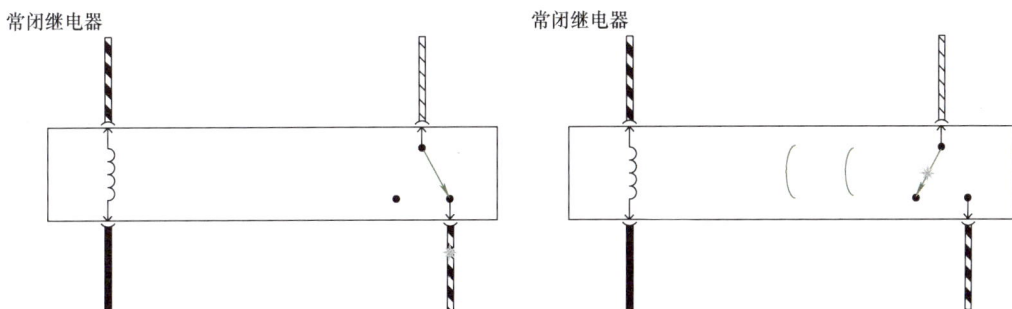

图 5-12　常闭继电器

2. 常开继电器

常开继电器在不激活的状态下不允许电流流动。触点一直处于断开状态，直到被激活时才闭合（图5-13），允许电流的流动。常开继电器常用于风扇电动机的控制。

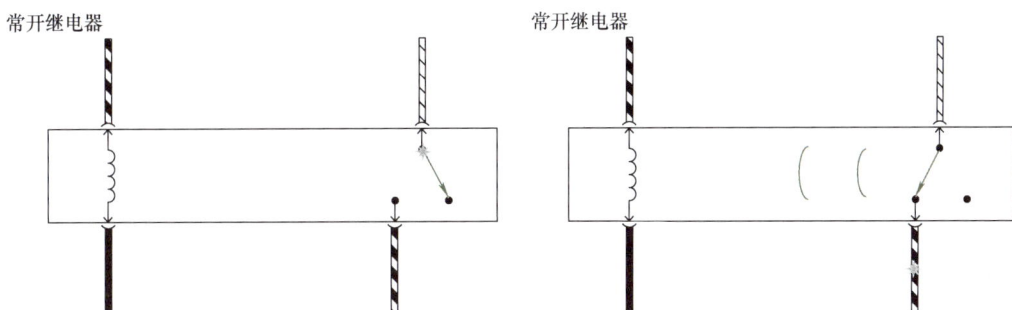

图 5-13　常开继电器

3. 转换继电器

转换继电器有两组触点，用于控制两个不同的电路，一组触点是常开的，另一组触点是常闭的。当继电器被激活时，一组触点闭合，另一组触点就断开了，如图5-14所示。

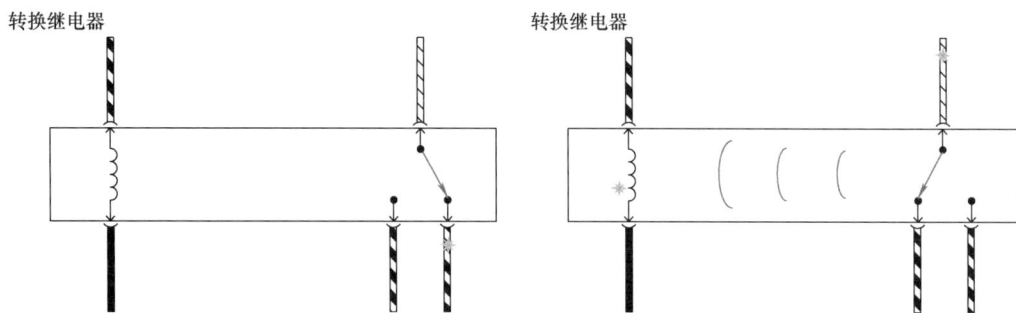

图 5-14　转换继电器

问题引导 4： 继电器的检修方法有哪些？

继电器的测量

1. 继电器工作性能的简便判断方法

接通点火开关，然后用耳朵或听诊器倾听控制继电器内有无吸合声，或者用手感受一下继电器有没有振动感。如果有，说明继电器工作基本正常，用电器不工作是由其他原因引起的；否则，说明该继电器工作失常。

也可以拔下继电器进行试验，例如发生空调压缩机不工作的故障，可以起动发动机，然后接通鼓风机开关和空调开关。再拔下空调压缩机继电器的插接器进行判断。如果能够听到该继电器动作的声音，而且拔下继电器时发动机的转速明显下降，插入该继电器时发动机的转速提升，说明空调压缩机的继电器及其控制电路是正常的。凡是在电路原理图上标有点画线的继电器及熔断器，一般布置在中央配电盒内。

2. 继电器的常见故障

继电器的常见故障现象有线圈烧断、匝间短路（绝缘老化）、触点烧蚀、热衰变以及无法调整初始动作电流等。

（1）继电器线圈烧坏　为了防止这种情况发生，在进行维修、保养及电焊时，如果温度可能超过 80℃，应当拆下对温度比较敏感的继电器和电控单元。

（2）触点烧蚀　有的汽车空调冷凝器风扇的继电器处在玻璃清洗喷水管的下方，若该喷水管破裂，清洗液将泄漏到继电器上，使继电器的动合触点锈蚀而不能断开，会导致空调冷凝器风扇常转不停的故障。因此，应当严防继电器进水。

3. 继电器的故障检修

（1）设法减少继电器触点的接触电阻　车用继电器触点间存在的接触电阻主要由收缩电阻和表面膜电阻两部分构成。触点的接触电阻与触点的接触形式、材料性能及表面加工等因素有关。由此可见，要减少继电器触点的接触电阻，在接触压力一定的情况下，可以通过改善接触状态和改变接触材料入手。

（2）ECU 搭铁不良可能影响继电器正常工作　由于发动机 ECU 搭铁不良，导致继电器线圈的供电电压很低（有时只有 2V 左右），根本不可能使继电器吸合。用导线直接搭铁后，继电器有了 12V 电压，于是顺利吸合，所以发动机起动成功。去掉那根临时搭铁线后（点火开关仍处在接通状态），继电器上仍然有较低的保持电压（这是继电器共有的特性），这种保持电压即使只有 12V，继电器也不会断开，所以发动机不熄火。关闭点火开关，电路产生的自感电动势大大高于电源电压，在这种强大电动势的作用下，接触不良的搭铁可能恢复正常，所以发动机起动后正常了。传统汽车继电器广泛用在起动、预热、冷却、风扇、空调、灯光、电动风扇、刮水器、电喷、油泵等的控制系统，每辆车平均使用 20 只继电器，新能源汽车除了传统汽车所需继电器之外，还需要 5 ~ 8 只高压直流继电器。

学习任务3　电磁线圈认知

> 学习目标：了解电磁线圈的基础知识。
> 能力目标：培养学生搜集和整理相关资料的能力。

知识准备

　　许多执行器都是电磁线圈，也可以说是一种数字执行器。电磁线圈（图 5-15）一般有两个端子：电源供电端子和接地端子。供电电压一般是蓄电池电压，而接地通过控制模块内部来控制。控制模块控制接地端子接通时，电磁线圈通常会推出一个柱塞，阻止液体或气体的流动。

图 5-15　电磁线圈

问题引导 1：电磁线圈的控制方法（接通/断开控制）是什么？

　　电磁线圈有两种控制方法：脉冲频率调制和脉冲宽度调制。两者均是通过控制电磁线圈的接通与断开来产生磁场吸力或推力，其区别是一个有固定的工作频率，一个没有固定的工作频率。电磁线圈通电工作的波形如图 5-16 所示。

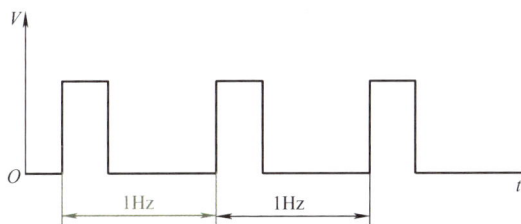

图 5-16　电磁线圈通电工作的波形

1. 脉冲频率调制

脉冲频率调制（PFM）是一种脉冲调制技术，调制信号的频率随输入信号幅值变化而变化，其导通宽度不变。由于调制信号通常为频率变化的方波信号，因此 PFM 又称为方波FM。脉冲频率调制如图 5-17 所示，调制信号脉冲宽度一定，可以通过改变脉冲输出时间来改变输出电压。

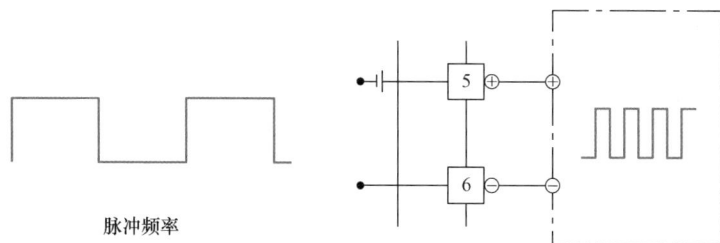

图 5-17　脉冲频率调制

（1）信号的产生　如图 5-18 所示。

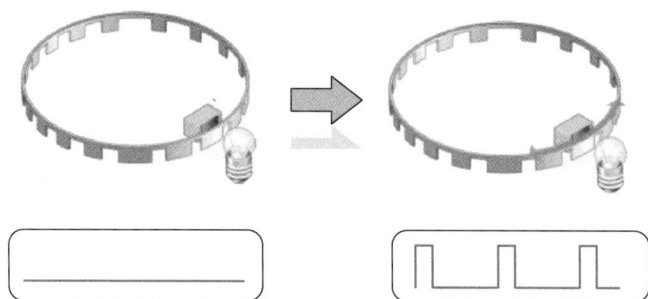

图 5-18　信号的产生

（2）脉冲频率信号波形分析　开关管导通信号的导通宽度固定不变，而开关管调制信号的频率可调，如图 5-19 所示。

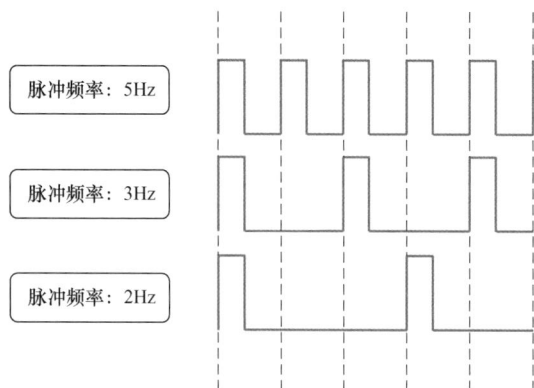

脉冲频率：5Hz

脉冲频率：3Hz

脉冲频率：2Hz

图 5-19　脉冲频率信号波形分析

（3）脉冲频率信号在汽车上的应用——DC/DC 变换器（图 5-20）　直流斩波器（DC）是一种把恒定直流电压变换成为另一固定电压或可调电压的直流电，从而满足负载所需直流电的变流装置。它通过周期性地快速通、断，把恒定直流电压斩成一系列的脉冲电压，而改变这一脉冲系列的脉冲宽度或频率就可以实现输出电压平均值的调节。DC/DC 变换器在纯电动汽车上得到广泛的应用。

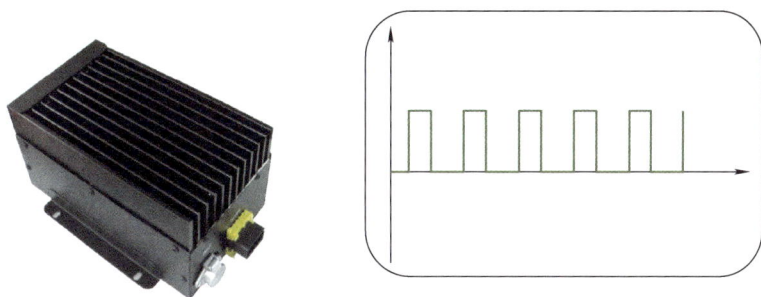

图 5-20　DC/DC 变换器

2. 脉冲宽度调制

脉冲宽度调制（PWM）是一种模拟控制方式，根据相应载荷的变化来调制晶体管基极或 MOS 管栅极的偏置，来实现晶体管或 MOS 管导通时间的改变，从而实现开关稳压电源输出的改变。

脉冲宽度调制可以通过改变脉冲宽度来控制输出电压，而改变周期来控制其输出频率，如图 5-21 所示。

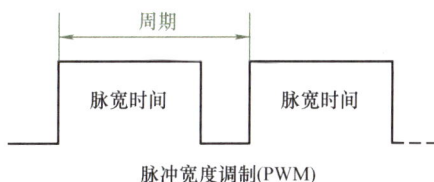

图 5-21　脉冲宽度调制（PWM）

（1）信号产生　如图 5-22 所示。

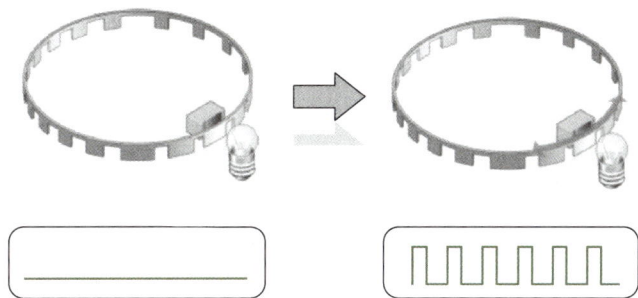

图 5-22　信号的产生

（2）脉宽调制信号波形分析　开关管调制信号的周期固定不变，而开关管导通信号的宽度可调，如图 5-23 所示。

（3）脉宽调制信号在汽车上的应用——电机控制器（图 5-24）　电机控制器由于调速时平滑性好、效率高，低速时相对稳定性好、调速范围大、精度高，在纯电动汽车上是必不可少的关键部件，得到广泛应用。

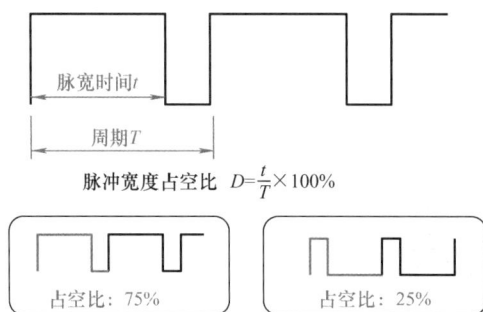

脉冲宽度占空比 $D = \dfrac{t}{T} \times 100\%$

占空比：75%   占空比：25%

图 5-23   脉宽调制信号波形分析

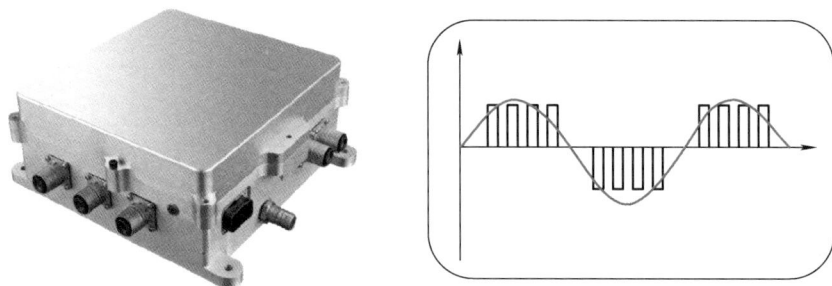

图 5-24   电机控制器

问题引导 2：电磁线圈的测试与检修方式有哪些？

电磁线圈的核心部件是绕组，所以可以通过万用表来测试。可以通过导通性测试，测试绕组是否短路或有短路现象；如果已知绕组的标准阻值，也可以测量绕组的阻值。绕组的阻值相对较小，这样才能使较大的电流通过，产生较强的磁场。如果绕组之间短路，则通过测量电阻来确定是否有短路现象发生。这种情况下，可以利用大众专用诊断设备 VAS505X 的激活功能；也可以使用单独的电源（如小型的 9V 蓄电池）来驱动电磁线圈。

学习任务 4   电动机认知

学习目标：了解电动机的基础知识。

能力目标：培养学生搜集和整理相关资料的能力。

知识准备

电动机是把电能转换成机械能的一种设备。它主要是利用通电线圈产生磁场，由磁场间的相互作用产生的力或转矩运动。

电动机由哪些部分组成？

　　电动机一般由转子（旋转部分）和定子（静止部分）组成。电刷和接线端子位于壳体的后盖上。一般来说，定子由永久磁铁和壳体组成。在有刷电动机中，定子一般由一个或多个永久磁铁组成，如图 5-25 所示。

　　转子一般由一个电枢绕组和一个支承轴组成，如图 5-26 所示。支撑轴通过轴承固定在壳体后盖上。电枢可以向前、后移动，这与发电机或起动机等的电枢类似。电枢可以是永久磁铁，也可以是绕组，这取决于电动机的类型。

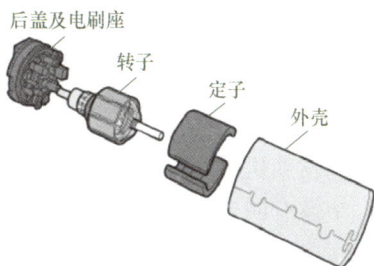

图 5-25　电动机结构示意图

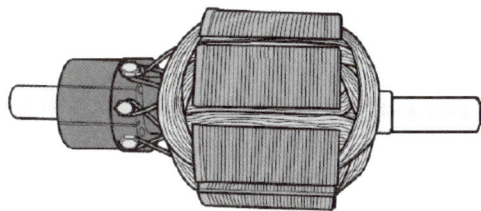

图 5-26　转子

　　电刷（一般由石墨制作而成）结合换向器在电枢转动时提供电源。电刷架如图 5-27 所示。如果转子是永磁磁铁，而定子是通电后可以产生磁场的绕组，那么就不需要电刷，这种类型的电动机称为无刷电动机。

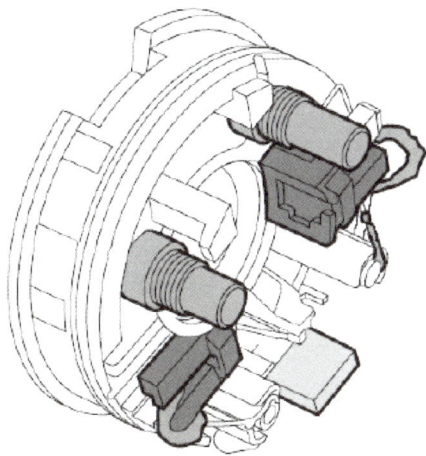

图 5-27　电刷架

　　如果电动机超出了工作负荷，那么就需要热保护开关来进行保护。热保护开关一般串联在电源与电动机之间。电动机一旦超负荷运转，电路中的工作电流就会增大，造成热保护开关瞬间产生大量的热量，发热的热保护开关断开，切断了电动机的工作电路。当热保护开关足够冷却后，会再次闭合，接通工作电路。

问题引导2：新能源汽车电动机类型有哪些？

电动机根据工作原理和应用环境不同，可以分为很多类型。在汽车上除了起动机，主要使用的是执行器电动机。执行器电动机可分为直流电动机和步进电动机。执行器电动机通常与一套机械装置相连，执行改变角度或调节位置的任务，如调节阀门的角度或是移动连杆的位置。

1. 直流电动机

直流电动机的转子由换向器和绕组组成，定子可以是一个永磁磁铁，也可以是绕组（小型电动机通常是永磁磁铁，大型电动机采用的是绕组）。直流电动机不需要移动位置反馈，通常用于以下控制系统：①风窗玻璃刮水器；②空调系统鼓风机；③电动玻璃升降器。

直流电动机的转动

2. 步进电动机

步进电动机通常用于需要精确控制角度位移的机构，如发动机怠速控制以及空调系统各风门打开角度的调节。步进电动机最大的特点：转子由一个没有明显南、北极之分的磁性物体组成；定子由多个绕组组成，每个绕组称为一相，比较常见的是三相，如图 5-28a 所示。通电后可以产生多个磁极，每个磁极外层会套有上、下两个锯齿套来切割磁场，如图 5-28b 所示。

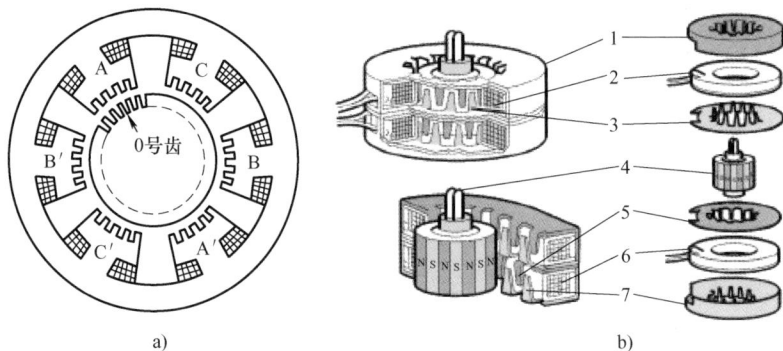

图 5-28　步进电动机结构示意图

a）定子三相绕组　b）步进电动机结构

1—上锯齿套（上绕组）　2—上绕组总成　3—下锯齿套（上绕组）　4—转子（被极化）
5—上锯齿套（下绕组）　6—下绕组总成　7—下锯齿套（下绕组）

定子一般有多个绕组，某一个有电流的流通就能产生磁场，如果转子和定子的齿不对齐，那么，在磁场转矩作用下，转子就会转动 1 个齿的角度。在转子转动 1 个齿的同时，电流控制器接通下一个定子绕组，新产生的磁场会推动转子转动 1 个齿的角度。如果有 3 个绕组，每个磁极的锯齿套上有 12 个齿，那么整个定子就有 72 个齿，也就是说，步进电动机每转动 1 圈，可以分 72 步。

问题引导3：电动机的检测项目有哪些？

电动机的检测项目包括绝缘检测、绕组阻值检测、空载电流检测等。

（1）绝缘检测　用绝缘电阻表检测电动机外壳与绕组之间的阻值，判断是否存在对外壳短路的情况。检测绕组之间的阻值，判断是否有绕组间短路现象。

（2）绕组阻值检测　一般可以用万用表进行初步检测，以判断绕组有无短路、断路故障等，如进行导通性测试。如果已知绕组的标准阻值，就可以先测量绕组的阻值，然后通过测量电阻来确定是否有短路现象发生。也可以使用外部电压来测试电动机，但需要注意的是，电动机的工作电压通常比预计的要小。如果使用的是蓄电池电压，那么只能在极短的时间内给电动机供电，例如只能给门锁止装置通电 1s。如果通电时间过长，又没有热保护开关，那么电动机很快就会因为过热而烧坏。

（3）空载电流检测　使用钳形表测量电动机空载电流，一般空载电流为额定电流的 40% ~ 55%。一般空载电流过大主要是由电动机内部铁心不良，转子与定子间隙过大，线圈匝数过少，绕组连接错误造成的。例如，对于单相电动机阻值，公共端、主绕组、副绕组两两测量阻值，其中两个数字之和等于第 3 个阻值为正常，即（$R_1 = R_2 + R_3$）。如果任意一个阻值为无穷大，那么说明有断路；对于三相电动机阻值，3 条引线两两测量，其阻值应均相等，即 $R_1 = R_2 = R_3$ 为正常。

学习情境六

车载网络系统

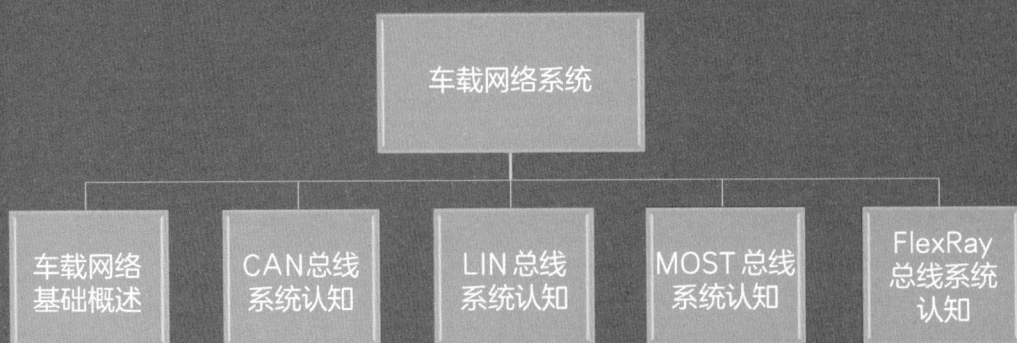

```
            ┌─────────────┐
            │  车载网络系统  │
            └──────┬──────┘
   ┌────────┬──────┼──────┬────────┐
┌──┴──┐  ┌──┴──┐ ┌─┴──┐ ┌──┴──┐  ┌──┴──┐
│车载网络│  │CAN总线│ │LIN总线│ │MOST总线│ │FlexRay│
│基础概述│  │系统认知│ │系统认知│ │系统认知│ │总线系统│
│     │  │     │ │    │ │     │ │ 认知 │
└─────┘  └─────┘ └────┘ └─────┘  └─────┘
```

学习任务1　车载网络基础概述

学习目标：了解车载网络基础的基础知识。
能力目标：培养学生搜集和整理相关资料的能力。

知识准备

　　汽车网络通信协议在保证整个系统正常运行方面起着非常重要的作用。它可以帮助解决系统很多问题，如数据共享、可扩展性、诊断接口等。目前，应用于汽车领域的网络标准有很多，如CAN、LIN、MOST及FlexRay等。

　　CAN（Controller Area Network）是德国博世公司从20世纪80年代初为解决现代汽车中众多的控制与测试仪器之间的数据交换而开发的一种串行数据通信协议。CAN总线是一种多主总线，通信介质可以是双绞线、同轴电缆或光导纤维。CAN通信速率可达1Mbit/s，每帧的数据字节数为8个。LIN（Local Interconnect Network）总线是由LIN协会发布的一种新型低成本串行通信总线，是一种辅助的总线网络，在不需要CAN总线的带宽和多功能的场合（如智能传感器和制动装置之间的通信），使用LIN总线可大大节省成本。面向媒体的MOST（Media Oriented System Transport）总线采用光纤并用于智能交通及多媒体的网络协议，能够支持24.8Mbit/s的数据速率，与以前的铜缆相比具有重量轻和电磁干扰小的优势。FlexRay总线运用于可靠的车内网络中，是一种具备故障容错的高速汽车总线系统。FlexRay协议标准中定义了同步和异步帧传输，同步传输中保证帧的延迟和抖动，异步传输中有优先次序，还有多时钟同步、错误检测与避免、编码解码、物理层的总线监控设备等。

　　根据发送装置向接收装置传输信息时各字节的传输方式不同，数据传输方式分为并行传输和串行传输两种，如图6-1和图6-2所示。

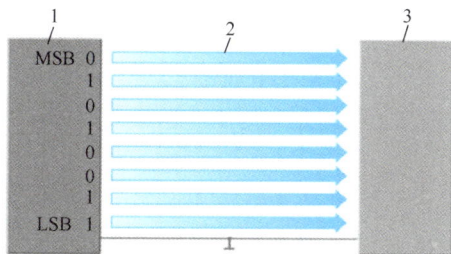

图6-1　并行传输
1—发送装置　2—数据　3—接收装置
MSB—最高有效位　LSB—最低有效位

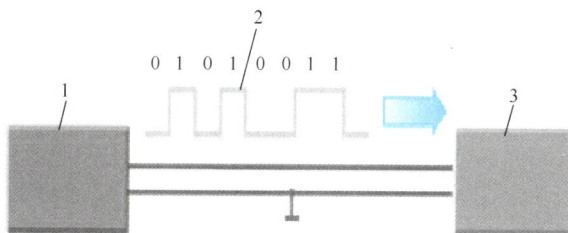

图6-2　串行传输
1—发送装置　2—数据　3—接收装置

　　数据的传输速率（速度）可以用比特率和波特率计量。比特率是每秒传输的数据位数（bit），单位为bit/s。波特率是每秒传输信号码元的个数（Baud）。在无调制的情况下，波特率精确等于比特率；采用调相技术时，波特率不等于比特率。目前汽车上，单元内部线路中使用并行数据传输方式，控制单元外部传输信息大都以串行传输方式进行。串行数据传输既可以采用同步传输方式（图6-3），也可以采用异步传输方式（图6-4）。使用一个共同的时钟脉冲发生器可保持发送装置和接收装置时间管理的同步性，这种方式就是同步传输方式。

图6-3　同步传输方式

发送和接收装置之间最常用的时间管理方式是异步传输方式。进行异步数据传输时，发送和接收装置之间没有共同的系统节拍。

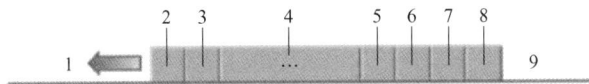

图6-4　数据异步传输时数据帧的结构

1—接收装置　2—起始位　3—最低有效位　4—5~8位数据

5—最高有效位　6—检查位　7、8—停止位　9—发送装置

数据总线上的信息流方向有单工通信和双工通信两种，如图6-5和图6-6所示。

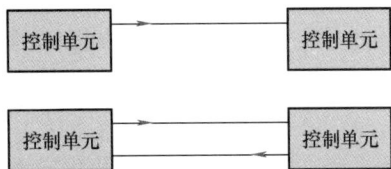

图6-5　单工通信

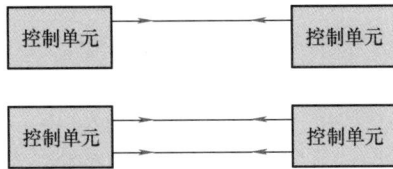

图6-6　双工通信

问题引导1： 汽车网络技术的发展是怎样的？

　　汽车电子技术在经历了零部件层次的汽车电器时代、子系统层次的单片机（汽车电控单元）控制时代之后，已经开始进入汽车网络化时代，并向汽车信息化时代迈进。按照电子产品和电子控制系统的技术特点，可将汽车电子技术的发展粗略划分为4个阶段。

1. 第一阶段——零部件层次的汽车电器时代

　　1965—1980年属于零部件层次的汽车电器时代。汽车发电机晶体管电压调节器和晶体管点火装置等开始装备到汽车上，而且电子控制装置逐步实现了由分立元件向集成化的过渡。这一阶段，装备于汽车的其他电子装置还有转向系统电子式闪光器、电子控制式喇叭、电子式间歇刮水控制器、数字时钟及高能点火（HEI）线圈和集成电路点火系统等。汽车电控点火系统组成示意图如图6-7所示。

2. 第二阶段—— 子系统层次的单片机控制时代

　　1980—1995年属于子系统层次的单片机（汽车电控单元）控制时代，以单片机为控制核心，以实现特定控制内容或功能为基本目的的各种电子控制系统得到了迅速发展。汽车电

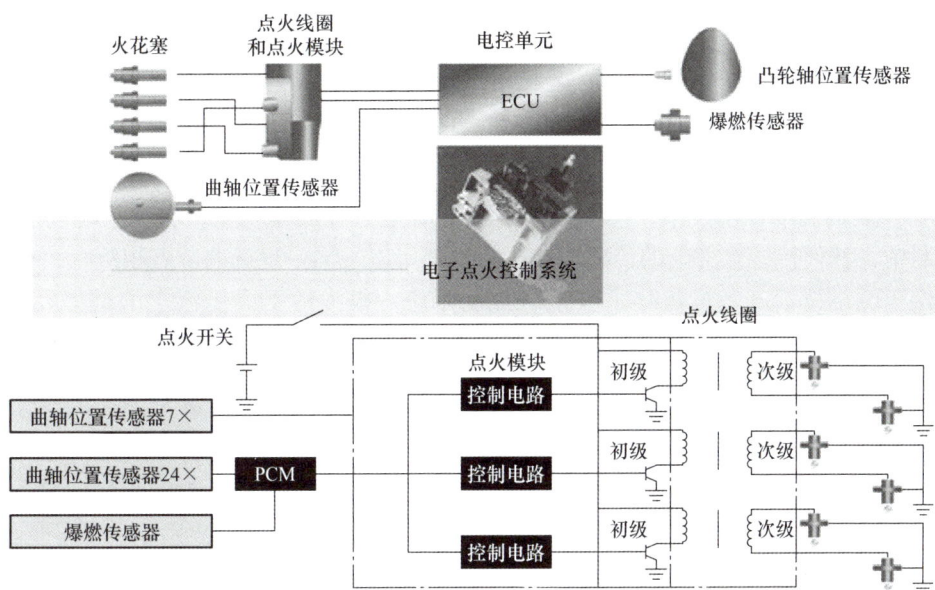

图 6-7　汽车电控点火系统组成示意图

控系统组成如图 6-8 所示。进入 20 世纪 90 年代，出现了全面、综合的电控系统。

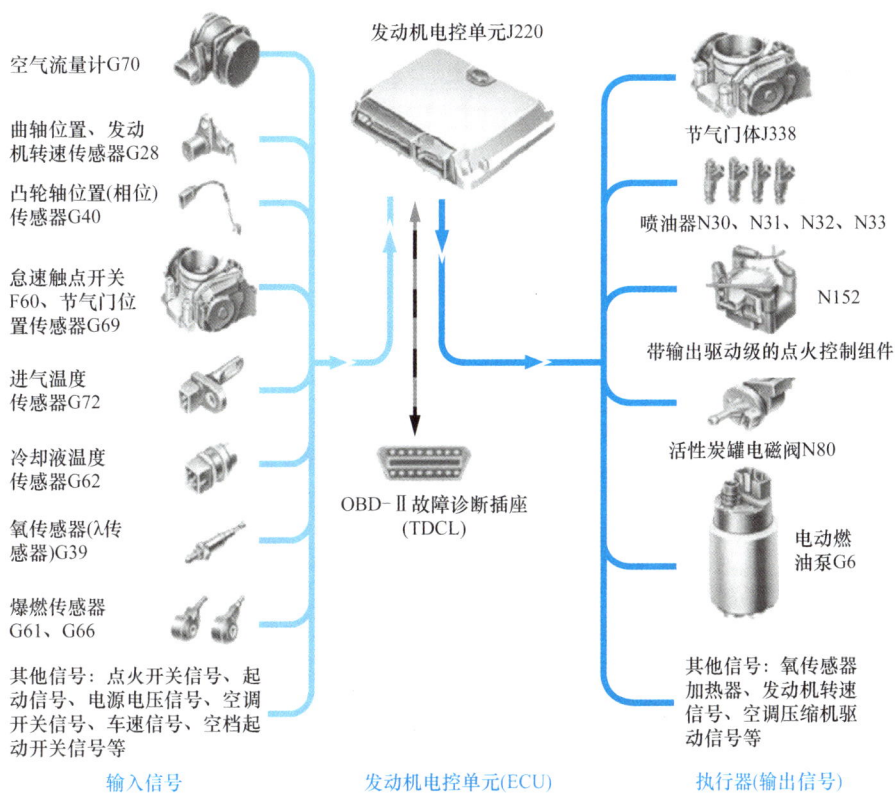

图 6-8　汽车电控系统组成

3. 第三阶段——整车联网层次的汽车网络化时代

1995—2010 年属于整车联网层次的汽车网络化时代。采用先进的单片机技术和车载网络技术，形成了汽车上的分布式、网络化的电控系统。整车电气系统被连成一个多 ECU、多节点的有机的整体，使得其性能更加完善。目前，世界主要汽车制造商生产的多数汽车上均采用了以 CAN、LIN、MOST、DDB 等为代表的网络控制技术，将车辆控制系统简化为节点模块化。在基于现场总线的分布式控制中，任何传统意义上的传感器和执行器都可以与同一现场的节点相组合，构成节点模块，汽车网络技术进一步优化了汽车的控制系统，极大地提升了汽车的整体控制水平。BMW－E60 的汽车网络系统如图 6-9 所示。

CAN 驱动的历史

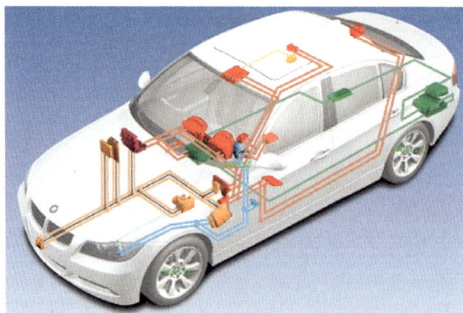

图 6-9　BMW－E60 的汽车网络系统

4. 第四阶段——以 Telematics 技术为代表的汽车信息化时代

Telematics 是远程通信技术（Telecommunications）与信息科学技术（Informatics）的合成词，意指通过内置在汽车、航空器、船舶、火车等运输工具上的计算机网络技术，借助无线通信技术、GPS 卫星导航技术，实现文字、图像、语音信息交换的综合信息服务系统。也就是说，Telematics 技术整合了汽车网络技术（也包括其他移动运输工具内部的网络技术）、无线通信技术、全球定位系统（Global Positioning System，GPS）卫星导航技术，通过无线网络，随时给行车中的人们提供驾驶、生活、娱乐所必需的各种信息。Telematics 信息交换过程示意图如图 6-10 所示。

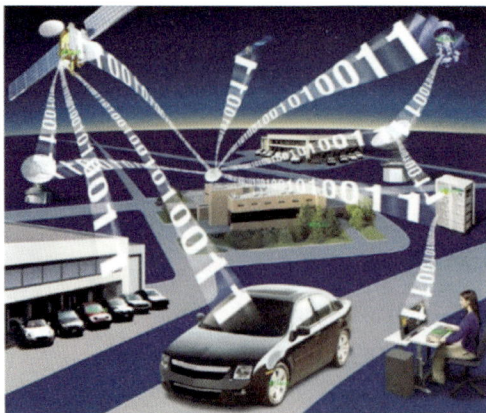

图 6-10　Telematics 信息交换过程示意图

Telematics 的特点是大部分的应用系统位于网络上（如通信网络、卫星与广播等）而非汽车内。驾驶人可运用无线传输的方式，连接网络传输与接收信息与服务，以及下载应用系统或更新软件等。Telematics 系统的主要功能仍以行车安全与车辆保全为主，主要功能如图 6-11 所示。

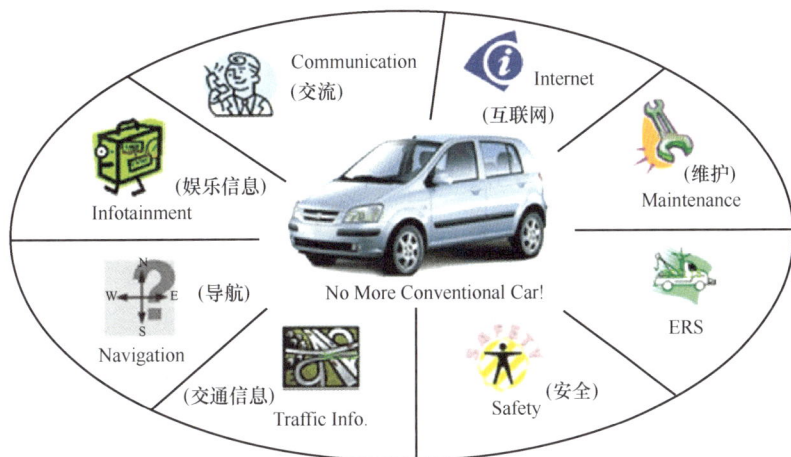

图 6-11　Telematics 系统的主要功能

1）定位系统：通过 GPS（图 6-12），结合行车路线，做电子地图与语音导航（图 6-13）相结合的路况报导、路线指引，并能提前预报前方路口的车速限制及交通违法摄像头的安装情况，以确保安全行车。

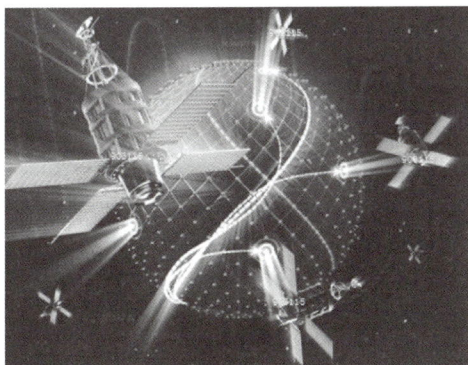

图 6-12　GPS

图 6-13　电子地图与语音导航

2）道路救援：行车过程中，如果发生车祸或车辆出现故障，驾驶人可通过 Telematics 系统的紧急呼叫按键，自动联系紧急服务机构（119、120 等急救机构）或汽车服务站，以获得道路救援。

3）汽车防盗及搜寻：通过 GPS 确定失窃车辆的位置和行车路线，以便搜寻与追踪车辆。

4）车辆调度管理：通过无线信息传输，实现运营车辆的调度管理（图 6-14）。

5）自动防撞系统：通过测距传感器或雷达，监测前、后车辆之间的车距，自动调用车

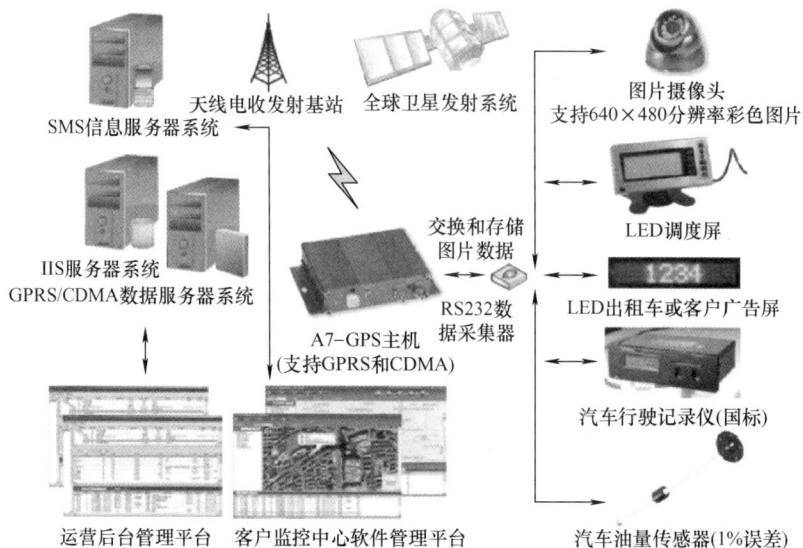

图 6-14　运营车辆的调度管理

载自适应巡航系统，使前、后车辆之间保持必要的安全距离（图 6-15）。

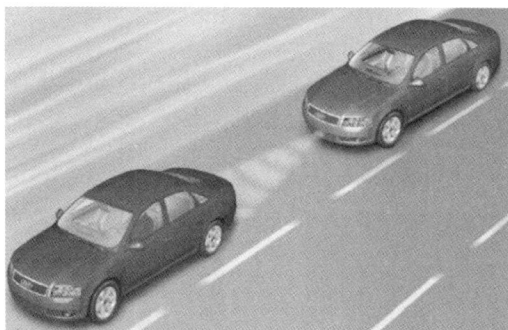

图 6-15　自适应巡航系统监测前、后车辆之间的车距

6）车况掌握：车辆性能与车况的自动监测、传输，进行多地、远程"专家会诊"，指导车辆维修等。

7）个人化信息接收与发布：收发电子邮件与个人化信息等。

8）多媒体影音娱乐信息接收：高画质与高音质的视听设备、游戏机、上网机、个人行动信息中心、随选视频资讯等。

9）车辆应急预警系统：当行驶中的车辆遇到紧急情况时，可以借助 Telematics 系统向外界（其他车辆或道路交通管理部门）发出应急申请，亦可接收来自道路交通管理部门发布的紧急情况警告及应急响应预案，确保行车安全和道路畅通。

问题引导 2： 汽车网络的分类有哪些？

1. 按网络拓扑结构分类

网络的拓扑结构指网上计算机或设备与信息传输介质形成的节点与数据传输线的物理构成模式。汽车网络的拓扑结构主要有线形结构、总线形结构、星形结构、环形结构等几种。

（1）线形拓扑结构　线形拓扑结构是一种信道共享的物理结构（图6-16）。这种结构中总线具有信息的双向传输功能，普遍用于控制器局域网的连接，总线一般采用同轴电缆或双绞线。

（2）总线形拓扑结构　总线形拓扑结构是一种信道共享的物理结构。这种结构中总线具有信息的双向传输功能，普遍用于控制器局域网的连接，总线一般采用同轴电缆或双绞线。

（3）星形拓扑结构　星形拓扑结构是一种以中央节点为中心，把若干外围节点连接起来的辐射式互联结构（图6-17）。这种结构适用于局域网。

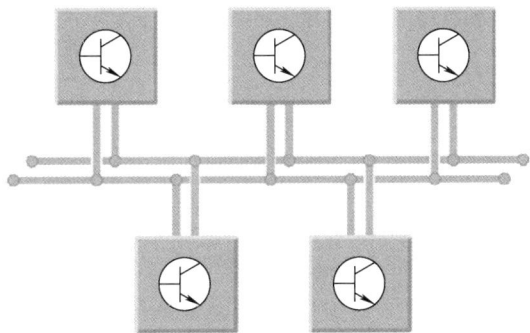

图6-16　线形拓扑结构

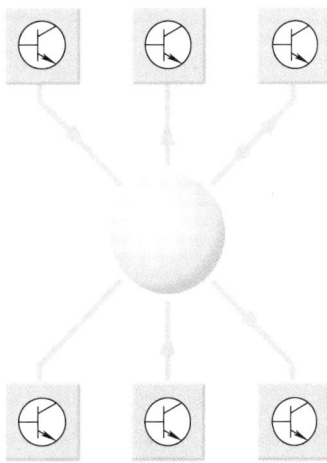

图6-17　星形拓扑结构

（4）环形拓扑结构　环形拓扑结构由各节点首尾相连形成一个闭合环形线路（图6-18）。环形网络中的信息传送是单向的，即沿一个方向从一个节点传到另一个节点；每个节点需安装中继器，以接收、放大、发送信号。

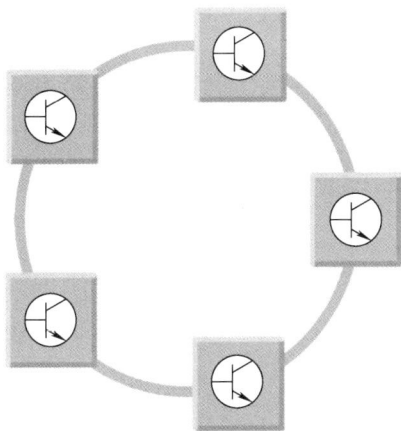

图6-18　环形拓扑结构

2. 按信息传输速度分类

为方便研究和设计应用，国际自动机工程师学会（SAE）的汽车网络委员会按照系统的复杂程度、传输流量、传输速度、传输可靠性、动作响应时间等参量，将汽车数据传输网络划分为 A、B、C、D、E 五类。

（1）A 类网络　A 类网络是面向传感器/执行器控制的低速网络，数据传输位速率通常小于 10kbit/s，主要用于车外后视镜调整，电动车窗、灯光照明等的控制。汽车防盗报警系统是典型的 A 类网络系统（LIN 总线系统）应用实例，如图 6-19 所示。

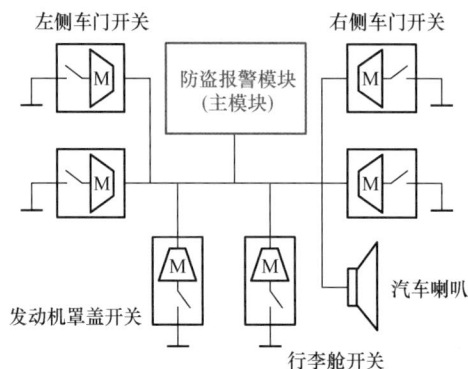

图 6-19　汽车防盗报警 A 类网络系统（LIN 总线系统）

（2）B 类网络　B 类网络是面向独立模块间数据共享的中速网络，位速率为 10～125kbit/s，主要应用于车身电子舒适性模块、仪表显示等系统。当大量共享数据需要在车内各个控制单元间进行交换时，A 类网络系统不再胜任，可采用 B 类网络系统。基于 CAN 总线的 B 类网络系统如图 6-20 所示。

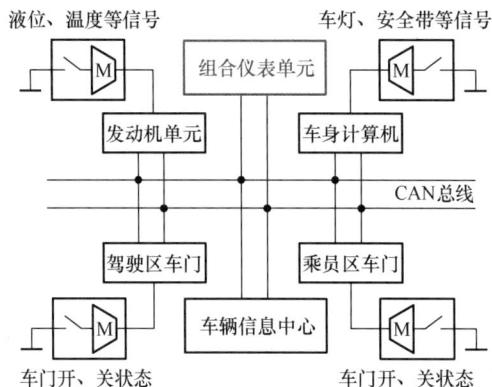

图 6-20　基于 CAN 总线的 B 类网络系统

（3）C 类网络　C 类网络是面向高速、实时闭环控制的多路传输网络，位速率为 125～1000kbit/s，主要用于牵引力控制、发动机控制、ABS、ESP 等系统。在 C 类网络系统方案中，CAN 总线有效地将发动机控制系统、驱动防滑系统及自动巡航系统等连接成为一个综合控制系统，整车性能得到大幅度提高，如图 6-21 所示。

（4）D 类网络　D 类网络是智能数据总线（Intelligent Data BUS，IDB）网络，主要面向影音娱乐信息、多媒体系统，其位速率为 250kbit/s～100Mbit/s。按照 SAE 的分类，IDB－C

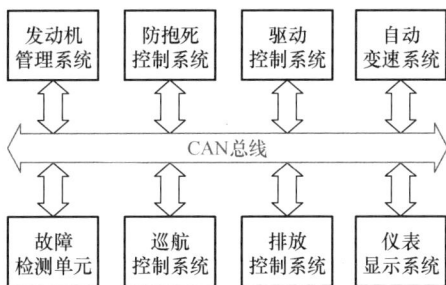

图 6-21　基于 CAN 总线的 C 类网络系统

为低速网络，IDB - M 为高速网络，IDB - Wireless 为无线通信网络。

（5）E 类网络　E 类网络是面向汽车被动安全系统（安全气囊）的网络，其位速率为 10Mbit/s。

问题引导 3：　采用汽车网络技术的优点有哪些？

1）减轻整车自重。减少导线用量，耗铜量下降，整车自重得以降低。同时，全车线束变细，也为安装其他新的部件预留了空间。

2）降低生产成本。除了导线用量减少、耗铜量下降带来的成本降低之外，网络技术所秉持的"信息共享、一线多能"也充分发挥了每一条总线的作用，实现了"物尽其用"。

3）提高工作可靠性。导线数量的减少使汽车电气系统的线束插接器数量大大减少，由线束和插接器引发的断路、短路、接触不良等故障的发生率大大降低，整车电气系统的工作可靠性得以提高。

4）便于后续开发。采用开放式的汽车网络技术，为后续技术的开发留下了充分的开发空间，新的电子控制系统可以很方便地融入已有的系统之中，而不必对现有系统做太大的改动。同时，也便于实现控制器与执行器的就近安装，甚至采用控制器与执行器的一体化安装，进一步节省了安装空间，提高了控制的实时性和控制精度，从而实现了良性循环。

问题引导 4：　车载网络系统在汽车上的应用有哪些？

车载网络系统在汽车上的应用非常多，按照应用系统不同可以分为 4 个系统：动力传动系统、车身系统、安全系统和信息系统。

1. 动力传动系统

动力 CAN 数据总线连接发动机、ABS/EDL 及自动变速器电控单元，可以同时传递 10 组数据，即发动机电控单元 5 组、ABS/EDL 电控单元 3 组、自动变速器电控单元 2 组。数据总线以 500kbit/s 速率传递数据，每一数据组传递大约需要 0.25ms，每一电控单元 7 ~ 20ms 发送一次数据。优先权顺序为 ABS/EDL 电控单元、发动机电控单元、自动变速器电控单元。

2. 车身系统

与动力传动系统相比，汽车上的各处都配置有车身系统的部件，其线束长，容易受到干扰。舒适 CAN 数据总线连接 5 个电控单元（包括中央电控单元及 4 个车门的电控单元），有 5 个功能：中央门锁、电动窗、照明开关、后视镜加热和自诊断功能。

3. 安全系统

安全系统指根据多个传感器的信息使安全气囊起动等的控制系统。对此系统的要求是成本低、通信速度快、通信可靠性高。

4. 信息（娱乐、ITS）系统

信息系统在车上的应用很广泛，如音响系统、导航系统等，这些都需要传输大量的音频和视频信息。信息系统要求通信速度非常快，目前采用的新型多媒体总线一般是基于光纤通信技术制作而成的，因为这种介质的传输速度非常快，能满足信息系统的高速化需求。车载信息系统可以通过提前预警、超速警告、逆行警告、红灯预警、行人预警等相关手段提醒驾驶人，也可以通过紧急制动等措施保障人员及车辆安全。

随着信息技术的发展，车载信息系统可以为个人提供方便快捷的信息服务，如提供高精度电子地图和准确的道路导航。信息系统可以通过收集和分析车辆行驶信息，对车辆的使用状况进行实时监测，确保驾驶人的行车安全。

学习任务 2　CAN 总线系统认知

学习目标：了解的 CAN 总线系统基础知识。

能力目标：培养学生搜集和整理相关资料的能力。

知识准备

CAN 总线是多主站、分布式控制工作方式，即模块化式的，各个模块可以独立工作，这样就可以避免各个模块通信时相互干扰。网络总线上的任何一个节点在任何时候都可以向其他节点发送报文，通信非常灵活。任意发送时难免出现多个节点同时发送报文的情况，为此 CAN 总线协议中对节点发送的报文规定了不同优先等级，拥有最高优先权的报文信息最先发送，优先级低的主动退出发送，从而保证了通信顺畅和实时性。CAN 总线系统如图 6-22 所示。

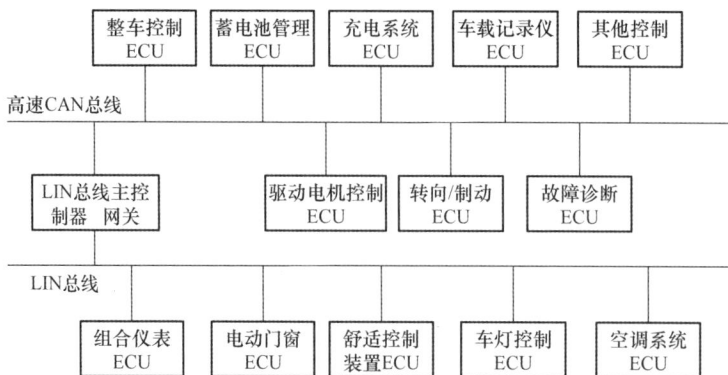

图 6-22　CAN 总线系统

问题引导1：　CAN 总线的特点及通信协议是什么？

电动汽车对通信系统的要求是：数据传输可靠、实时性高、传输速率高、误码率低；系统的可靠性高，即当节点或总线出现故障时对整车性能的影响尽可能的小；系统的鲁棒性好，允许多主网络存在。

CAN 作为一种有效支持分布式控制或实时控制的串行通信网络完全能够满足这些要求，其模型结构只有 3 层，即物理层、数据链路层和应用层。传输介质为双绞线，通信速率最高可达 1Mbit/s/40m，直接传输距离最远可达 10km/5kbit/s，可挂接设备数最多可达 110 个。CAN 为多主工作方式，通信方式灵活，无须站地址等节点信息，采用非破坏性总线仲裁技术，满足实时要求。另外，CAN 采用短帧结构传输信号，传输时间短，具有较强的抗干扰能力。

CAN 通信协议规定了数据帧、远程帧、错误帧和超载帧 4 种帧格式。基于总线访问、仲裁、编码/解码、出错标注、超载标注 5 条基本规则进行通信协调。SAE J1939 协议在 CAN 总线通信协议 2.0B 之上具体实现了应用层，成为载货车和大型客车广泛使用的通信标准。SAE J1939 使用 PDU 来实施和封装 CAN 的标准格式。具体定义如下：协议数据单元 PDU 由优先权 P、参数组号 PGN、源地址 SA 和数据 DATA 组成。参数组号 PGN 由保留位 R、数据页 DP、PDU 格式 PF 和 PDU 特定域 PS 组成。J1939/71 应用层文档定义了车辆控制的各种参数及命令的 PGN。

问题引导2：　电动汽车上 CAN 总线的主要功能有哪些？

1) 各个电控单元（ECU）之间的通信和信息交换。
2) 电动汽车整车驱动、转矩、功率的控制。
3) 电动汽车故障自检与安全控制。
4) 电动汽车行驶过程中姿态控制。
5) LIN 总线与 CAN 总线间的通信与控制。

问题引导3：　CAN 总线和各个 ECU 间的通信方式是怎样的？

纯电动汽车的整车控制 ECU 通过 CAN 总线与蓄电池管理 ECU、驱动电机控制 ECU、充电系统 ECU、转向/制动 ECU、车载记录仪 ECU、故障诊断 ECU、其他控制 ECU 系统连接。驱动电机驱动 ECU 通过 CAN 总线与整车控制器完成通信，通过 CAN 总线传输驱动电机转速、转矩、功率、驱动电机冷却液温度、电压及电流、工作模式等参数，同时接收整车控制器发送的各种控制命令。充电系统通过 CAN 总线传输桩体的电压、电流、频率、充电时长、电量等参数到蓄电池管理系统和整车控制器。蓄电池管理系统由蓄电池管理模块、充电机、均衡器、监视器和数据采集单元组成。其中，BMU BUS 是数据和分析中心，数据采集单元通过 CAN 总线采集到的蓄电池数据传递给 BMU，BMU 利用 CAN 总线对充电机和均衡器进行控制，最后监视器通过 CAN 总线获取要显示的数据和信息。

踩制动踏板、踩加速踏板等动作在驾驶人操作时通过 CAN 通信传递给整车控制系统，同时传输到电机控制系统，从而控制加减速等动作。故障诊断系统负责检测汽车整车的各类故障，通过 CAN 总线将驱动电机损坏、线路老化、动力不足等信息传输给整车控制系统，然后整车控制系统根据收到的报文信息发出控制命令，从而保证电动汽车的安全性和舒适性。在整套控制系统中不仅有 CAN 总线，还配有 LIN 总线。LIN 总线的主要特征是有一个主节点、多个从节点，从节点不能主动向主节点传输信息，只有主节点需要时，从节点才能发送信息。对实时性与同步性要求稍低的控制单元采用 LIN 总线性价比高。因此，通过 LIN 协议实现电动门窗、车灯控制、舒适性控制、组合仪表灯控制，再通过网关转换与 CAN 总线进行信号传输，如图 6-23 所示。

图 6-23　CAN 总线和各个 ECU 间的通信

问题引导 4： CAN 总线系统原理框图内容是什么？

CAN 总线
信号分析

图 6-24 所示为纯电动汽车 CAN 总线系统原理框图，它由中央控制器、蓄电池管理系统、电机控制系统、制动控制系统、仪表控制系统组成。各个控制器之间通过 CAN 总线进行通信，以实现传感器测量数据的共享、控制指令的发送和接收等，并使各自的控制性能都有所提高，从而提高系统的控制性能。它们之间的通信与信息类型为信息类和命令类。信息类主要是发送一些信息，如传感器信号、诊断信息、系统的状态，命令类主要是发送给其他执行器的命令。通信有以下主要内容：

1）车辆起动时的自检。中央控制器负责向各个模块发送自检命令，并收集各个模块的返回信息。通过分析处理，及时地发现问题、解决问题。

2）加速过程通信。加速操作时，中央控制器采集加速踏板信号，并根据控制策略，通过 CAN 总线设置驱动电机转速、蓄电池管理系统参数等。

3）制动过程通信。制动过程中，制动踏板信号直接下传到 ABS 控制器，同时通过 CAN 总线上传到中央控制器。中央控制器根据控制规划，通过 CAN 总线设置驱动电机转速、蓄电池管理系统参数等。

4）周期性数据刷新通信。电机控制器采集驱动电机的电枢电流、驱动电机转速，判断是否断相，接收设定转速；蓄电池管理控制器采集蓄电池温度、荷电状态，接收是否充电指令、充电门限系数；制动控制器采集车轮转速，接收执行制动指令；仪表控制器采集并显示驱动电机转速、车速、蓄电池的荷电状态值等。

5）运行过程中监控。在车辆运行过程中，检测总线上数据帧的收发情况，及时发现总线异常，自动做出紧急处理，甚至向驾驶人发出警报。

连接在 CAN 总线上的 ECU 的工作状态很大程度上决定了 CAN 总线的使用情况，并且 ECU 工作状态之间的切换涉及信息列表中各信息的优先级设置、总线的唤醒策略和故障排

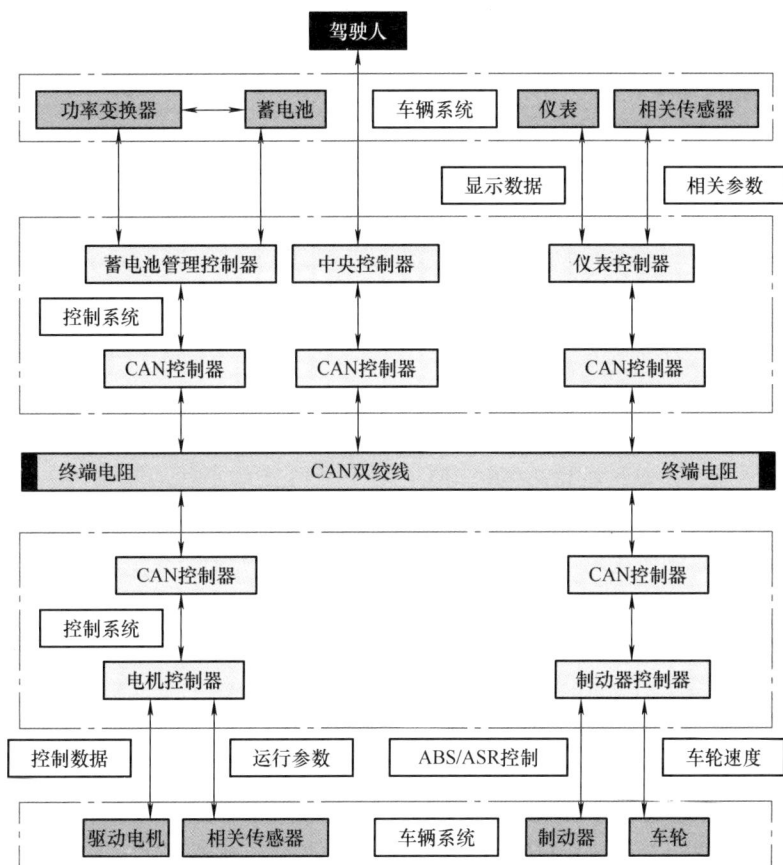

图 6-24 纯电动汽车 CAN 总线系统原理框图

除与自修复等问题。该系统中 ECU 的工作状态可分为以下 6 种：

1）上电诊断状态。ECU 上电后，应有一个初始化过程。在完成本模块的初始化后，应发送网络初始化信息，同时监听其他节点的网络初始化信息。通过网络初始化信息的交换，ECU 判断整个网络是否完成初始化过程、是否能够进入正常工作状态。

2）正常工作状态。在正常工作状态下，ECU 之间通过 CAN 总线进行通信，以实现传感器测量数据的共享、控制指令的发送和接收等。当休眠条件满足时，ECU 从正常工作状态转入休眠状态；当 CAN 模块故障计数器的计数值为 255 时，ECU 从正常工作状态转入总线关闭状态。

3）休眠状态。该状态下，ECU 及其模块处于低功耗模式。一旦接收到本地唤醒信号（本地触发信号）或远程唤醒信号（CAN 总线激活信号），就从休眠状态转入正常工作状态，其间需要使用网络初始化信息。

4）总线关闭状态。处于总线关闭状态的 ECU 延迟一段时间后，复位 CAN 模块，然后重新建立与 CAN 总线的连接。若连续几次都无法正常通信，则 ECU 尝试将通信转移到备用总线上；若转移成功，则发送主总线故障信息。

5）掉电状态。关闭电源时，ECU 所处的状态即为掉电状态。

6）调试及编程状态。该状态用于调试与系统软件升级。

学习任务3 LIN 总线系统认知

学习目标：了解 LIN 总线系统的基础知识。
能力目标：培养学生搜集和整理相关资料的能力。

知识准备

LIN 的方案是由众多汽车制造商和半导体公司创建的，其目的是找到更低成本的子总线网络，作为使用广泛的 CAN 通信网络的辅助。LIN 网络是基于主从结构的，使用单线通信，减小了大量线束的质量，节省了费用。LIN 目标应用是不需要 CAN 的性能、带宽及复杂性的低速系统，如开关类负载或位置型系统，包括车的后视镜、车锁、座椅、车窗等控制。LIN 有助于实现汽车中与 CAN 网络连接的分布式控制系统。

问题引导1： LIN 总线的特点有哪些？

1）低成本的单线 12V 数据传输，线的驱动和接收特性符合改进的 ISO9141 单线标准，传输速率可达 20kbit/s。

2）单主/多从的结构，不需要总线仲裁，由主节点来控制总线的访问。

3）基于通用 UART/SCI 的硬件接口，使用成本低的半导体工艺，几乎所有的微控制器都有 LIN 必需的硬件。

4）从节点不需要晶振或陶瓷振荡器就可实现自同步，从而减少了从节点硬件成本，保证在最差状况下信号传送的等待时间，来避免总线访问冲突。

问题引导2： LIN 总线系统的组成有哪些？

LIN 总线是一种单线式总线，底色是紫色，有标志色。该线的横截面面积为 $0.35mm^2$，无须屏蔽。LIN 总线系统由 1 个 LIN 主控制单元、若干个 LIN 从控制单元和数据线组成。LIN 总线系统的一个主控制单元最多能与 16 个从控制单元进行数据交换。各 LIN 总线系统之间的数据交换由 LIN 主控制单元通过 CAN 数据总线实现。

1. 主控制单元

主控制单元连接在 CAN 数据总线上，它执行 LIN 的主功能。它的作用主要有：

1）监控数据传输及其速率，发送信息标题。只有当 LIN 主控制单元发送出信息标题后，从控制单元才会做出回应。

2）LIN 主控制单元的软件内已经设定了一个周期，用于决定何时将哪些信息发送到 LIN 数据总线上多少次。

3）LIN 主控制单元在 LIN 数据总线系统的 LIN 从控制单元与 CAN 总线之间起翻译作用。它是 LIN 总线系统中唯一与 CAN 数据总线相连的控制单元。

4）LIN 从控制单元的自诊断（测量数据块、执行器测试、设定、故障存储器查询）。

2. 从控制单元

LIN 总线系统采用单主/多从的工作方式，数据传输线为单线 12V。多个从控制单元依靠单线与主控制单元相连。其主要作用是传送或接收与主控制单元查询或指定有关的数据。

> **问题引导 3：** LIN 数据总线的协议是什么？

1. 通信模式

LIN 总线系统共有 3 种通信模式：①主—从，即一个主节点发送数据给多个从节点；②从—主，即一个从节点发送数据给主节点；③从—从，即一个从节点发送数据给另一个从节点。

节点的概念是网络结构术语，一般把控制网络中各节点通信的节点称为主节点。所有节点都包含了消息的发送和接收。

2. 通信协议

LIN 总线系统一个完整的数据称为报文帧。报文帧由报文头和响应报文组成。报文头由 LIN 主控单元发送，即主节点发送。响应报文提供数据信息可以是 LIN 从控单元，也可以是 LIN 主控单元提供信息。LIN 总线系统一个完整的数据包含了报文头，而报文头是由主节点发送的。所以，LIN 任何一种通信模式都是由主节点来控制的。主节点发送报文头后，下属的各从节点同时接收，并与之同步。当报文头的信息激活了某个节点时，该节点发送响应报文。某个节点可以是主节点也可以是从节点。其他不能发送信息的节点均接受该节点的响应报文。这种传输是异步实现的，数据的接收采用 NRZ 编码，从而为电控单元实现运算处理。

3. NRZ 编码

NRZ–I 编码为非归零反相编码。在 NRZ–I 编码方式中，信号电平的一次反转代表比特 1，即从正电平到负电平的一次跃迁，而不是电压值本身来代表一个比特 1；由没有电平变化的信号代表 0 比特。非归零反相编码相对非归零电平编码的优点：因为每次遇到比特 1 都发生电平跃迁，这能提供一种同步机制。一串 7 个比特 1 会导致 7 次电平跃迁。每次跃迁都使接收方能根据信号的实际到达来对本身时钟进行重同步调整。根据统计，连续的比特 1 出现的概率比连续的比特 0 出现的概率大，因此对比特 1 的连续串进行同步就在保持整体消息同步上前进了一大步。一串连续的比特 0 仍会造成麻烦，但由于连续比特 0 串出现不频繁，对于解码来说妨碍就小了许多。

4. 报文帧结构

报文头包含同步间隙、同步字节和报文标识符（0 ~ 63）；响应报文由 1 ~ 9 个字节构成，其中有 2、4 或 8 个字节的数据域和 1 个校验和域；报文帧之间有帧间间隔分隔；报文与响应之间有帧内响应空间分隔。传输一帧所花费的总的时间是发送每个字节所用的时间，加上从节点的回应间隙，再加上传输每个字节的间隙。字节间隙指发送完前一个字节的停止位后，到发送下一个字节的启动位之间的时间。这是整个报文帧的格式。LIN 数据报文帧如图 6-25 所示。报文头包含的同步间隙主要起标识报文开始的作用，由主节点发送，使得所有的从机任务和总线时钟信号同步。

报文标示符的作用是标示信息的意义和特征，可以指定到某个节点，但它不是信息传送的地址。因此，加入新的从节点时，不需要任何硬件或软件的变化。另外，增加从节点不能超过 16 个，否则网络阻抗降低，影响数据线内电平大小。校验和域是数据域所有字节的和的反码。

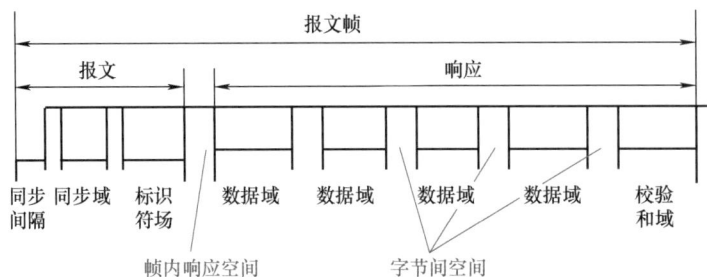

图 6-25 LIN 数据报文帧

问题引导4： **LIN 的通信协议和数据帧格式是什么？**

LIN 由一个主节点和多个从节点构成。所有的节点都包括一个从任务。在 LIN 网络中所有通信都是由主任务发起的。主任务发送一个帧头给所有的从任务。帧头由 3 部分组成：同步间隔、同步场和信息识别符。

从任务通过信息识别符来判断是否响应主任务，若需要响应主任务则开始发送响应信息。响应信息由 2、4 或 8 个数据字节和 1 个校验和字节组成。信息识别符表示的是信息的内容，而不是信息的目的地址。这样定义可使多个节点收到同样的信息，并且数据能够以多种方式交换。数据可以从主节点发送到一个或多个从节点，也可以通过从节点发送给主节点或其他从节点。因此，从节点之间通信并不需要经过主节点，并且主节点可以将信息广播给网络内的所有节点。主节点中的主任务控制数据帧的发送时序和优先级。主节点传送信息到从节点，而从节点只在主节点询问时才传送信息。从节点仅在需要发出唤醒信息的时候才主动地发送信息。LIN 的数据帧由帧头和响应信息组成。帧头由主任务发出，主任务在发出同步间隔后发送同步场，从节点利用同步场将它的波特率调整到传送来的信号的波特率。之后，发送一字节的信息识别符，其中 0～3 位表示信息类别，4～5 位表示信息长度，7～8 位是奇偶校验。从任务通过该字节判断数据是否有关，并确定如何处理该数据。响应信息是由从任务发出的，由 2 个、4 个或 8 个字节长度的数据和 1 个字节的和校验构成。和校验表示数据帧结束。和校验是通过计算数据的全部字节而得到的（不包括识别字节及同步场）。LIN 总线的另一个帧是睡眠帧，由主任务发出。它的作用是让总线和节点进入低功耗状态。

问题引导5： **汽车上 LIN 总线的应用有哪些？**

典型的 LIN 应用是连接用于提高驾驶人舒适度的车身控制电子系统，包括车门、转向盘、座椅、后视镜、用于车内温湿控制的电动机和传感器、照明控制、雨量传感器、智能刮水器、智能交流发电机以及控制屏。LIN 总线是一种低速串行总线，是针对车用电子控制系统设计的，用于连接智能型传感器及执行器。由于 CAN 已在车内高速与多功能性的上层网络构成主干，所以由 LIN 来构成下层局域网络，实现分级制网络结构，以达到合理分配利用网络资源、提高线路布置的方便灵活性、降低成本的目的。CAN 用于车身控制模块和门/窗控制系统模块之间的通信，LIN 用于各功能系统（如门/窗）的通信。CAN 总线为多主式，具有速度快，故障检测能力强的特点；LIN 总线为单主多从式，总线速度较慢，故障检测能力较差，适于对实时性要求不高的系统。

　　通常 BCM 和 4 个车门通过 1 个 CAN 网络连接，这是大部分生产商采用的典型方案。这时，每个车门内的高性能控制器（MCU）直接控制车窗和后视镜。采用 LIN 结构实现车门功能，就可以选择规格更小的 MCU。它除了能为 BCM 通信提供必要的 CAN 接口，还有足够的资源去控制单个 LIN 网络。在图 6-26 中，驾驶人侧车门 MCU 除了是 BCM 的 CAN 接口，还是控制后视镜、键盘、锁和车窗升降等操作的 LIN 的主节点。这样做虽然会增加车门内的 MCU，但如果对 MCU 和 LIN 进行合适的选择，就可以获得功能更强大、更灵活的分布式系统。

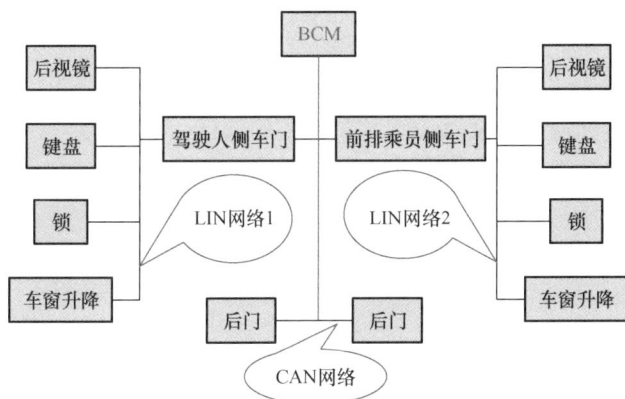

图 6-26　汽车上 LIN 总线的应用

学习任务 4　MOST 总线系统认知

学习目标：了解 MOST 总线系统的基础知识。
能力目标：培养学生搜集和整理相关资料的能力。

知识准备

　　MOST 网络是一种基于多媒体数据传输的网络系统。MOST 总线采用塑料光缆（POF）作为传输介质，可将音响设备、电视、全球定位系统及电话等设备相互连接起来，给用户带来了极大的便利。

问题引导 1：MOST 总线的基本特征有哪些？

　　1）在保证低成本的条件下，可达到 24.8Mbit/s 的数据传输速度。
　　2）无论是否有主控计算机都可以工作。
　　3）使用塑料光缆优化信息传送质量。
　　4）支持声音和压缩图像的实时处理。

5）支持数据的同步和异步传输。

6）发送/接收器嵌有虚拟网络管理系统。

7）支持多种网络连接方式。

8）提供 MOST 设备标准。

9）方便简洁的应用系统界面。

通过采用 MOST 系统，不仅可以减少连接各部件的线束的数量、降低噪声，而且可以减轻系统开发技术人员的负担，最终在用户处实现各种设备的集中控制。

问题引导2： MOST 的数据类型有哪些？

MOST 利用一个低价的光纤网络传输以下 3 种数据，如图 6-27 所示。

1）同步数据：实时传送音频信号、视频信号等流动型数据。

2）异步数据：传送访问网络及访问数据库等的数据包。

3）控制数据：传送控制报文及控制整个网络的数据。

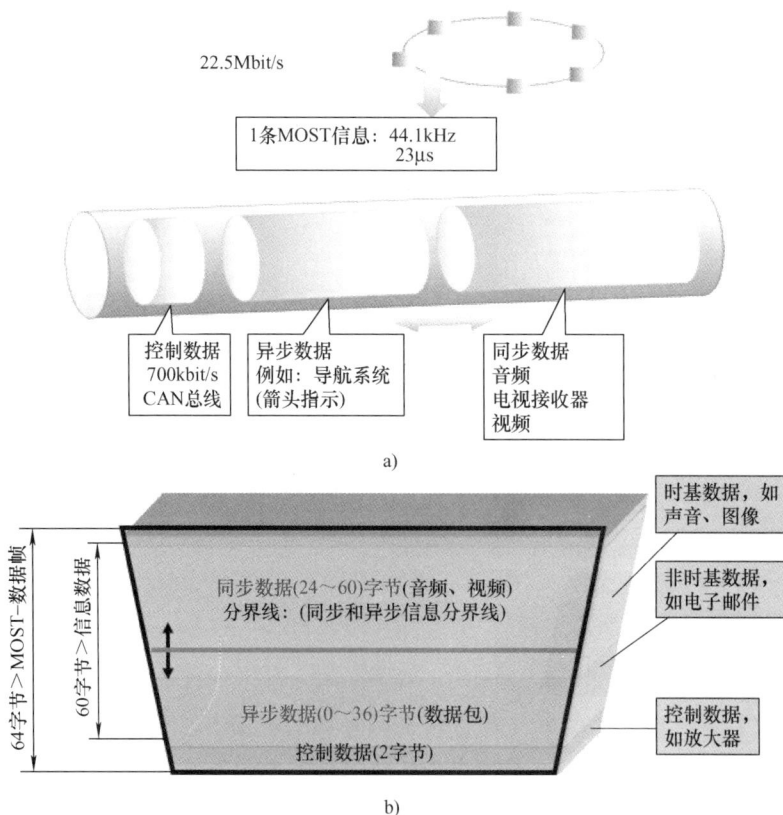

图 6-27　MOST 的数据类型

问题引导3： MOST 的基本结构是什么？

MOST 网络可以不需要额外的主控计算机系统，结构灵活、性能可靠、易于扩展。MOST 网络光纤作为物理层的传输介质，可以连接视听设备、通信设备以及信息服务设备。MOST 网络支持即插即用方式，在网络上可以随时添加和去除设备。

1. MOST 节点结构

MOST 网络可以连接基于不同内部结构和内部实现技术的节点。它的拓扑结构可以是环形网或星形网，如图 6-28 所示。MOST 网络上的设备分享不同的同步和异步数据传输通道，不同类型的数据具有不同的访问机制。

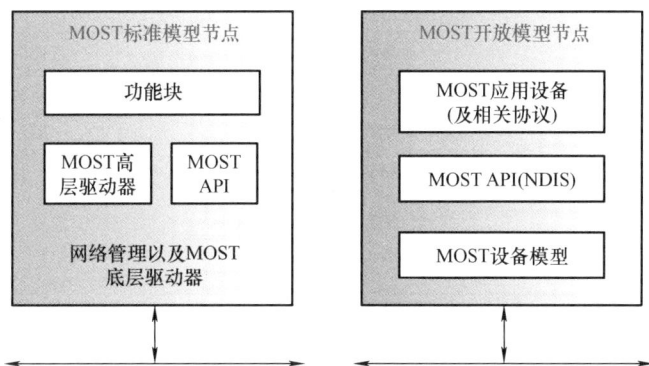

图 6-28　MOST 节点结构

1) MOST 网络可以连接基于不同内部结构和内部实现技术的节点。

2) 网络拓扑结构可以是环形或星形，在汽车上采用环形网络拓扑结构，各控制单元之间通过一个环形数据总线连接。该总线只向一个方向传输数据，因此，一个控制单元总是拥有两根光纤，1 根用于发射机，1 根用于接收机。

MOST 网络有集中管理和非集中管理两种管理模式。集中管理模式中，管理功能由网络上的一个节点实施；当其他节点需要这些服务时，必须向这个节点申请。非集中管理模式中，网络管理分布在网络上的节点中，不需要这种中心管理。

一个 MOST 网络系统由以下 3 个方面决定：①MOST 连接机制；②MOST 系统服务；③MOST 设备。

MOST 网络启动时，为每个网上设备分配 1 个地址；数据传输时，通过同步位流实现各节点的同步。

2. MOST 设备

连接到 MOST 网络上的任何应用层部分都是 MOST 设备（图 6-29）。由于 MOST 设备是建立在 MOST 系统服务层上的，它可以应用 MOST 网络提供的信息访问功能以及位流传送的同步频道和数据报文异步传送功能。它也可以向系统申请用于实时数据传送的带宽，同时还可以以报文形式访问网络和发送/接收控制数据。MOST 网络中，在网络管理系统的控制下，这些设备可以协同工作，它们之间可以同时传送数据流、控制信息和数据报文。

逻辑上一个 MOST 设备包括节点应用功能块、网络服务接口、发送/接收器和物理层接口。一个 MOST 设备可以有多个功能块，如使用 CD 需要有播放、停止以及设置播放时间等功能。这些功能，对于 MOST 设备来说是外部可访问的，如图 6-30 所示。RX 表示输入信号，TX 表示发送信号，Ctrl 表示控制信号。在一些简单的设备中，可以没有微控制器部分，由 MOST 功能模块 MOST 发送/接收器直接把应用系统连到网络上。

3. MOST 总线的管理模式

1) 集中管理模式。管理功能由网络上的 1 个节点实施；当其他节点需要这些服务时，

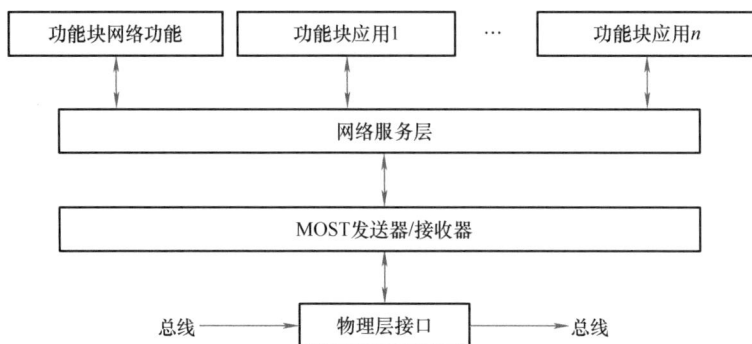

图 6-29　MOST 设备

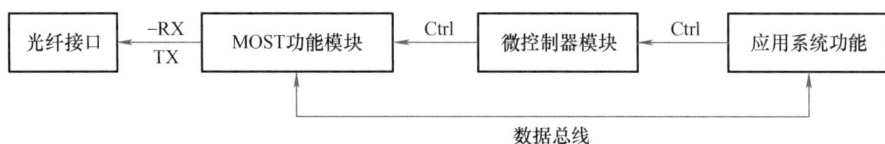

图 6-30　MOST 设备控制示意图

必须向这个节点申请。

2）非集中管理模式。网络管理分布在网络上的节点中，不需要这种中心管理。

3）MOST 网络启动时，为每个网上设备分配 1 个地址；数据传输时，通过同步位流实现各节点的同步。

问题引导4： MOST 总线的环形结构的特点是什么？

MOST 总线系统的显著特点是它的环形结构，如图 6-31 所示。控制单元通过 1 根光导纤维把数据传送至环形结构中的下一个控制单元。

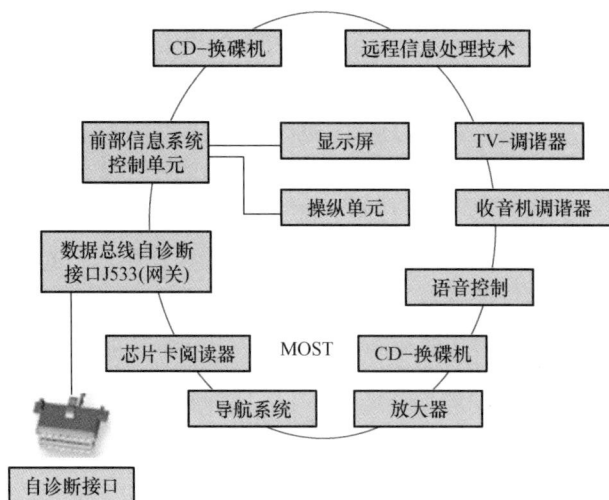

图 6-31　MOST 总线的环形结构

これ过程一直持续到数据返回至最初发出数据的那个控制单元。由此，形成了闭合的环路。MOST 总线系统的诊断是借助于数据总线的诊断接口和诊断 CAN 进行的。

问题引导5： MOST 总线的组成及应用有哪些？

1. MOST 总线的组成

MOST 总线的组成如图 6-32 所示，MOST 总线的控制单元如图 6-33 所示。

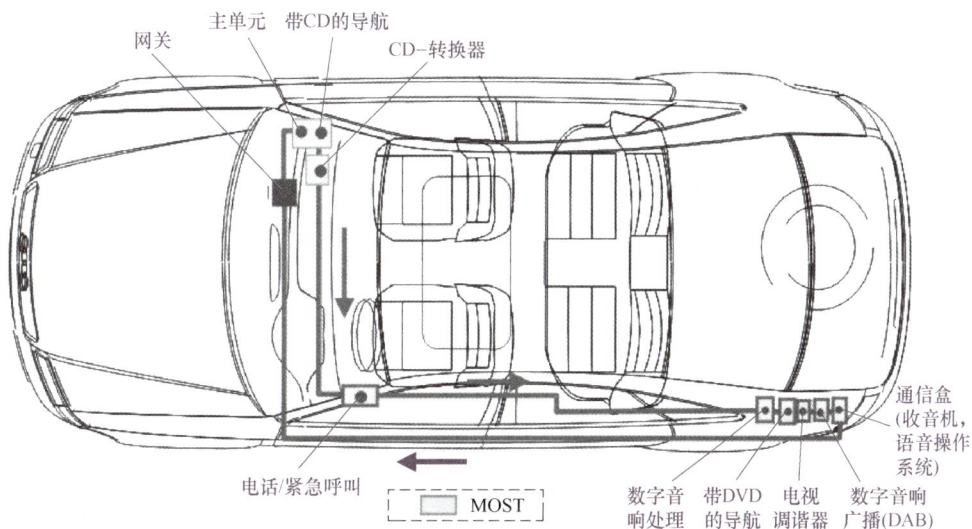

图 6-32　MOST 总线的组成

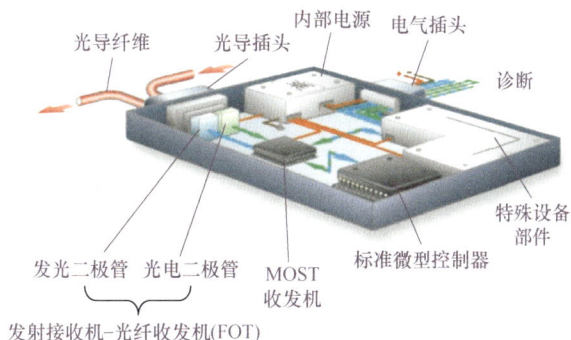

图 6-33　MOST 总线的控制单元

（1）光导纤维　光导纤维（POF）可以将在某一控制单元发射机内产生的光波传送到另一控制单元的接收器，如图 6-34 所示。黑色包层由尼龙制成，它用来防止外部光照射。彩色包层可以起到识别、保护及隔温作用。透光的反射涂层由氟聚合物制成，它包在纤芯周围，对全反射起关键作用。纤芯是光导纤维的中心部分，是用有机玻璃制成的光导线，纤芯内的光根据全反射原理几乎无损失地传导。纤芯结构如图 6-35 所示。

切割面上的污垢和刮痕会产生很高的损耗（衰减），因此，为了最大限度地减小传送损失，光导纤维的端面（图 6-36）必须光滑、垂直和清洁。只有使用专用的切割工具才能达到上述要求。

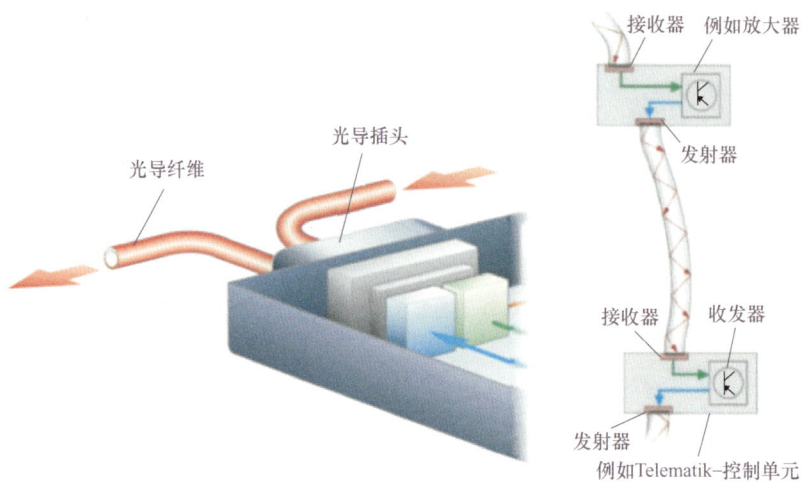

图 6-34　光导纤维（POF）

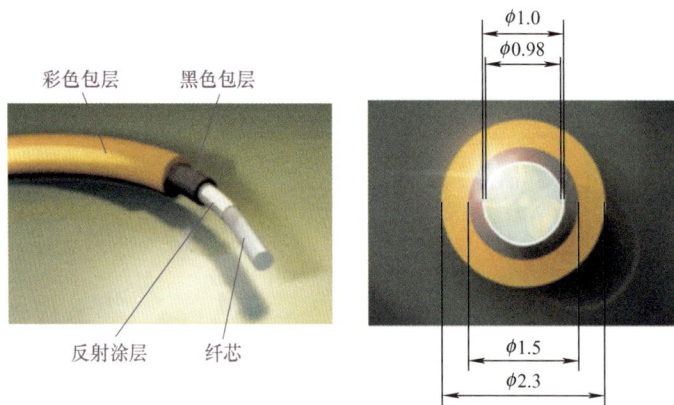

图 6-35　纤芯结构

图 6-36　光导纤维的端面

　　在直的光导纤维中，光导纤维以直线方式在内芯线中传导部分光波，大多数光波通过在内芯线的表面产生全反射而被以之字形图案传送，如图 6-37 所示。

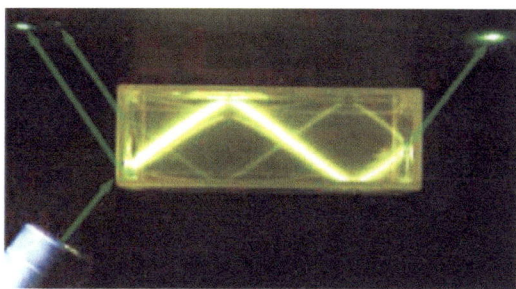

图 6-37　直的光导纤维中光波的传送

在弯曲的光导纤维中，发生在内芯线覆盖层边缘的全反射使得光波被反射，从而被传导通过弯曲处（图 6-38）。全反射条件是一束光线以较小的角度撞击在折射率分别较高和较低材料之间的边界层上在光导纤维中，内芯线的折射率比它的覆盖层高。

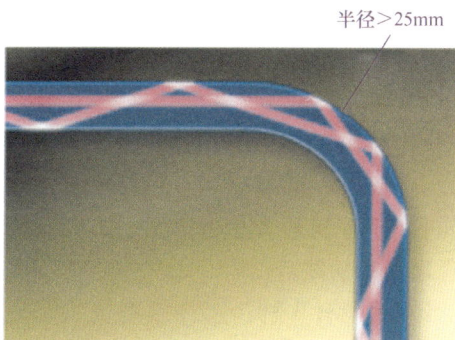

半径＞25mm

图 6-38　弯曲的光导纤维中光波的传送

在过度弯曲的光导纤维中会有部分光折射出光纤，故光导纤维的弯曲半径必须大于 25mm。

（2）光导插头　在生产光纤导线时，为了在插头外壳上固定光纤导线，就要在光纤导线尾端利用激光技术焊上塑料套管或者在尾端卡上黄铜质地的套管。为了能将光导纤维连接到控制单元上，使用了一种专用插头，即光导插头（图 6-39）。插座接头上有一个信号方向箭头，它表示输入方向（通向接收器），插头壳体与控制单元连接。

（3）电气插头　电气插头的作用是连接电源、环状故障诊断和输入与输出信号。

（4）内部电源　内部电源系统把通过电气插头供给控制单元的电源分配给各个部件。这一方式可以临时断开供给控制单元中个别部件的电源，从而减小闭路电流。

（5）发射接收机-光纤收发机（FOT）　FOT 由一个光电二极管和一个发光二极管组成。光电二极管的作用是将入射的光信号转换成电压信号，电压信号传送至 MOST 发射接收机。发光二极管的作用是把 MOST 发射接收机的电压信号转换成光信号，产生的光波波长为 650nm，是可见红光。数据通过光波调制传送，调制后的光由光导纤维传到下一个控制单元。

（6）MOST 发射接收机　MOST 发射接收机由发射机和接收机两部件组成。发射机把要发送的信息转换为电压信号传至光导发射机。接收机接收来自光导发射机的电压信号并转换

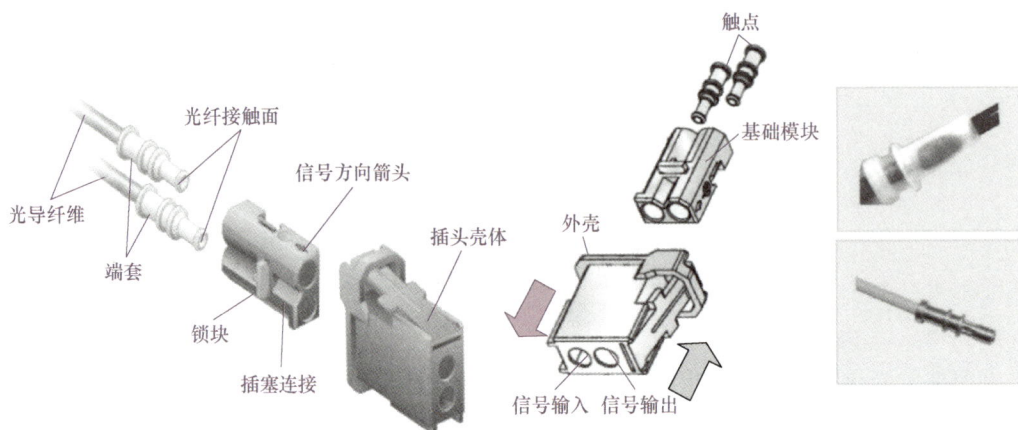

图6-39　光导插头

为二进制代码后将其传送至控制单元的"标准微型控制器（CPU）"。来自其他控制单元的无用信息由发射接收机传送，而不是将数据传到 CPU 上，这些信息被原封不动地发送至下一个控制单元。

（7）标准微型控制器　标准微型控制器是控制单元的核心元件，它的内部有一个微处理器，用于操纵控制单元的所有基本功能。

（8）专用部件　专用部件用于控制某些专用功能，如 CD 播放机和收音机调谐器。

2. MOST 总线的系统管理器的功能

MOST 总线的系统管理器的功能有 3 种：①控制系统状态；②传送 MOST 总线的信息；③管理传送容量。

3. MOST 总线的系统状态（图6-40）

1）睡眠模式。MOST 总线中没有数据交换，设备被切换至备用模式，只有系统管理器发出光学起始脉冲后，才被激活。闭路电流下降至最小值。

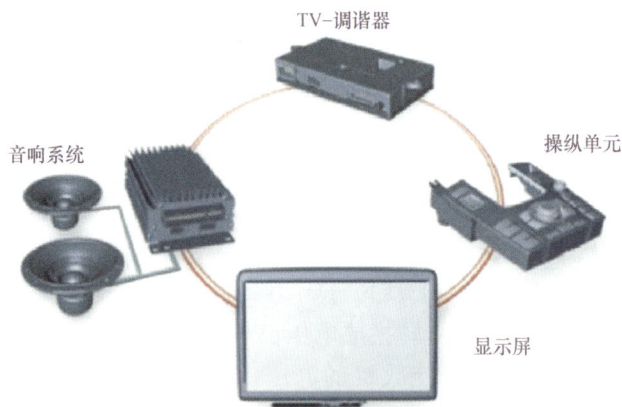

图6-40　MOST 总线的系统状态

睡眠模式激活的条件：MOST 总线中的所有控制单元都准备就绪，可切换至睡眠模式；其他总线系统没有通过网关提出任何要求；自诊断未激活。

在上述条件下，MOST 总线可以通过下列方式切换至睡眠模式：如果起动发动机或动力蓄电池放电，蓄电池管理器通过网关进行切换；通过自诊断仪器激活传输模式。

2）备用模式。没有来自其他用户需要执行功能的请求。MOST 总线系统仍在后台工作着，但所有的输出媒介（显示屏、音频放大器等）都不工作或不发声。此模式在起动和系统运行时被激活。备用模式激活的条件：由其他数据总线通过网关激活，如驾驶人侧车门的关闭或开启，点火开关接通；由 MOST 总线中的控制单元激活，如打入的电话。

3）通电工作模式。控制单元被完全激活。数据在 MOST 总线上进行交换，输出媒介（显示屏、音频放大器等）工作或发声，用户可以使用所有的功能。通电工作模式激活的条件：MOST 总线系统处于备用模式；由其他数据总线通过网关激活，如 S 触点，显示屏工作；通过用户的功能选择来激活，如通过多媒体操作单元 E380。

4. MOST 总线的信息帧

（1）脉冲频率 数字式音频装置（CD、DVD 播放器，DAB 无线电）的传送频率为44.1kHz，脉冲频率设置为 44.1kHz，这些装置连接到 MOST 总线上，系统管理器以 44.1kHz的脉冲频率从环状总线上向下一个控制单元发送信息帧。允许传递同步数据，如声音和动态图像（视频），这些信息必须以相同的时间间隔来发送。

（2）信息帧的结构（图 6-41） 信息帧的大小最大是 64B，最多可传输 60B 的数据。

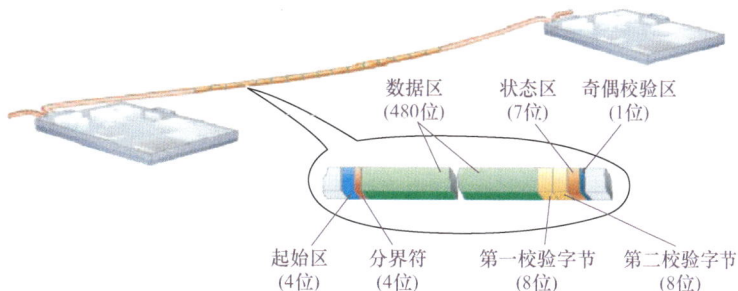

图 6-41 信息帧的结构

（3）信息帧的区域

1）起始区。起始区标志着信息帧的开始。每一段信息帧都有一个单独的起始区。

2）分界符。分界符用于区分起始区和紧跟着的数据区。

3）数据区。MOST 总线利用数据区最多可将 60 字节的有效数据发送到控制单元，如图 6-42 所示。

数据区有两种不同的数据类型：作为同步数据形式的音频与视频；作为异步数据形式的图像，用于计算目的的信息和文字信息。

数据区的分配是可变的，数据区的同步数据的大小为 24～60 字节，同步数据的传送具有优先权。根据发射机/接收机地址（标识符）和可利用的异步数据量，异步数据被输入，并且被以 4 字节信息包的形式传送到接收机。

（4）校验字节 两个校验字节被用来传送信息：发射机和接收机的地址（标识符）；至接收机的控制命令（例如，放大器设置高/低），如图 6-43 所示。

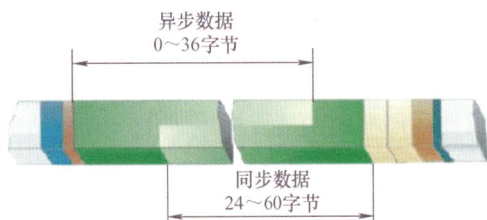

异步数据
0～36字节

同步数据
24～60字节

图 6-42　数据区

第2帧的校验字节

第1帧的校验字节

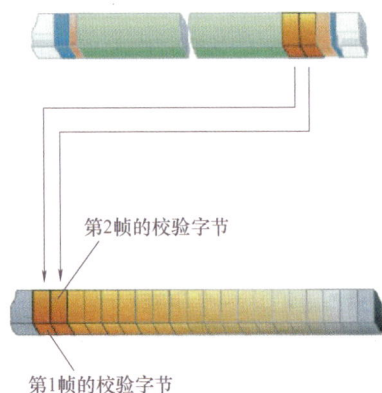

图 6-43　校验字节

一个信息组中有 16 个信息帧。一个信息组中的校验字节在控制单元内汇成一个校验信息帧。

（5）状态区　信息帧的状态区包含用于接收机发送信息帧的信息。

（6）奇偶校验区　奇偶区用来最终检查数据的完整性。该区的内容将决定是否需要重复一次发送过程。

5. MOST 总线的功能流程

（1）系统启动（唤醒）　如果 MOST 总线处于睡眠模式，那么首先须通过唤醒程序将系统切换至备用模式。如果一个控制单元（系统管理器除外）唤醒了 MOST 总线，那么该控制单元就会向下一个控制单元发射一种专门调制的光（称为伺服光）。环状总线上的下一个控制单元通过在睡眠模式下工作的发光二极管来接收这个伺服光并将此光继续下传，如图 6-44 所示。该过程一直进行到系统管理器为止，系统管理器根据传来的伺服光识别是否有系统起动的请求。

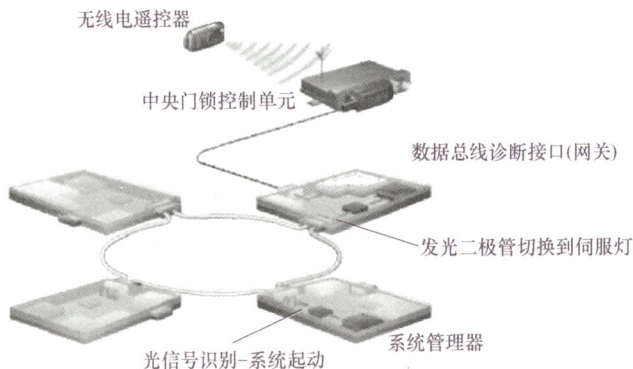

无线电遥控器

中央门锁控制单元

数据总线诊断接口(网关)

发光二极管切换到伺服灯

光信号识别-系统起动

系统管理器

图 6-44　伺服光的传送

然后系统管理器向下一个控制单元发送一种专门调制的光（称为主光），这个光由所有的控制单元继续传递，如图 6-45 所示。光导发射机（FOT）接收到主光后，系统管理器就可识别出环形总线已经封闭，可以开始发送信息帧了。

首批信息帧要求 MOST 总线上的控制单元提供标识符。系统管理器根据标识符向环形总线上的所有控制单元发送实时顺序（实际配置），这使得面向地址的数据传递成为可能。诊

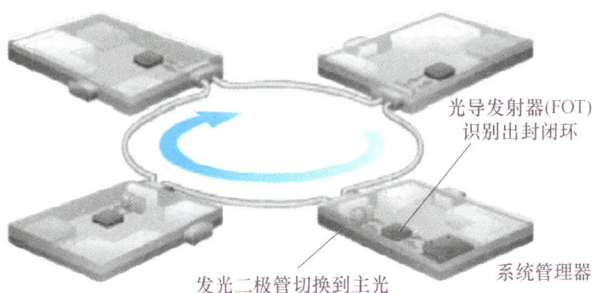

图 6-45　主控制光的传递

断管理器将报告上来的控制单元（实际配置）与一个安装的控制单元存储表（规定配置）进行比较。如果实际配置与规定配置不相符，诊断管理器将存储相应的故障。至此整个唤醒过程结束，可以开始数据传送了。

（2）音频与视频作为同步数据的传送　以奥迪 A8 轿车 03 型车上播放音乐 CD 为例来进行说明，如图 6-46 所示。

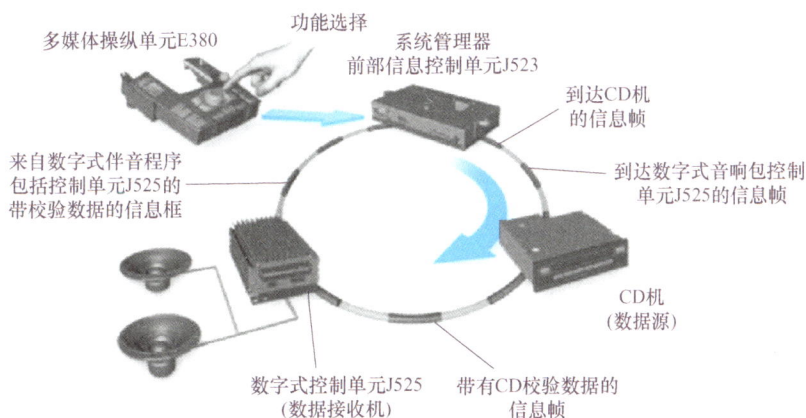

图 6-46　同步数据形式传送音频与视频信号

用户通过多媒体操纵单元 E380 和信息显示屏 J685 来选择 CD 上的曲目。操纵单元 E380 通过一根数据线将控制信号传送至前部信息控制单元 J523 的控制单元（系统管理器）中。然后，系统管理器在连续不断传送的信息帧内加入一个带有以下校验数据的信息组（＝16 信息帧）插入。

发射机地址：前信息显示和操作单元的控制单元 J523，环形结构中的位置 1。数据源的接收机地址：CD 机，环形位置 3（取决于装备情况）。

控制命令：①播放第 10 个曲目；②分配传送通道。CD 机（数据源）确定数据区中有哪些字节可以用来传送它的数据，然后插入一个带校验数据的数据组。

数据源的发射机地址：CD 机，环形结构中的位置（取决于装备情况）。系统管理器的接收机地址：前部信息控制单元 J523，环形结构中的位置 1。控制命令：把 CD 的数据传送至通道 01、02、03、04（立体声）。

（3）同步传送的数据管理　如图 6-67 所示，前部信息控制单元 J523 使用下列带校验数据的数据组。

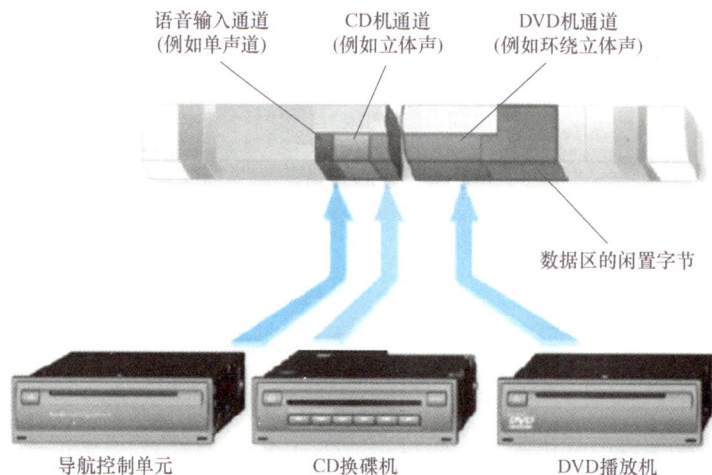

图 6-47　同步传送的数据管理

发射机地址：前部信息控制单元 J523，环形结构中的位置 1。

接收机地址：数字式控制单元 J525，环形结构中的位置取决于装备。

控制命令：①读出数据通道 01、02、03、04，并通过扬声器播放出来；②当前的音响效果设定，如音量、前后音量平衡、左右音量平衡、低高音和中音；③关闭静音切换。

向数字式控制单元 J525（数据接收机）发出播放出音乐的指令。CD 上的数据被保留在数据区内，直到信息帧通过环形总线又到达 CD 机（即数据源）为止。这时，这些数据被新的数据替代并且开始新的循环。这样可以使 MOST 总线中的所有输出装置（声响包、耳机）都可使用同步数据。另外，系统管理器通过发送相应的校验数据来确定哪个装置在使用数据。

传送通道：音频与视频传送需要每个数据区中的几个字节。数据源会根据信号类型预定一些字节，这些已被预定的字节称为通道，一个通道包含一个字节的数据。

（4）异步数据形式的传送　导航系统地图显示、导航计算、互联网站点、电子邮件都是以异步数据的形式传送的，如图 6-48 所示。异步数据源是以无规律的时间间隔来发送这些数据的。

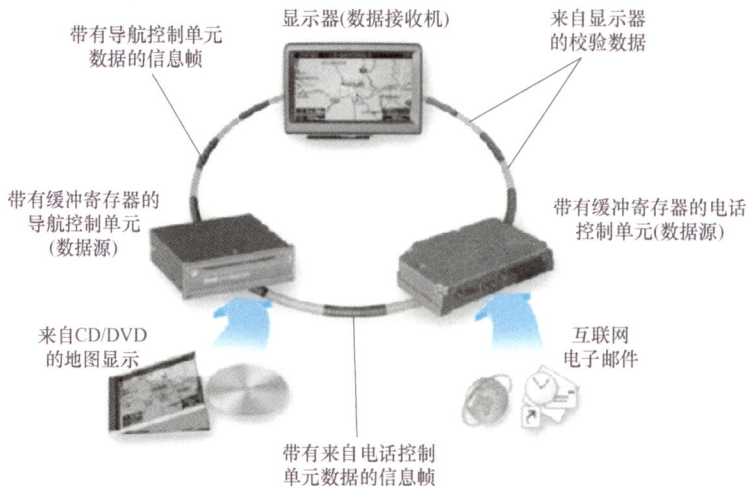

图 6-48　异步数据形式的传送

每个数据源将其异步数据存储到缓冲寄存器内，然后数据源开始等待，直至接收到带有接收机地址的信息组。数据源将数据记录到该信息组数据区的空闲字节内。记录是以每4个字节为一个数据包的形式进行的。接收机读取数据区中的数据包并处理这些信息。异步数据停留在数据区，直到信息组又到达数据源。数据源从数据区提取数据，在合适的时候用新数据取代这些数据。

学习任务5　FlexRay 总线系统认知

> 学习目标：了解 FlexRay 总线系统的基础知识。
> 能力目标：培养学生搜集和整理相关资料的能力。

知识准备

FlexRay 通信协议运用于可靠的车内网络中，是一种具备故障容错的高速汽车总线系统。它已经成为同类产品的基准，将在未来很多年内，引导汽车电子产品控制结构的发展方向。FlexRay 协议标准中定义了同步和异步帧传输，同步传输中保证帧的延迟和抖动，异步传输中有优先次序，还有多时钟同步，错误检测与避免，编码解码，物理层的总线监控设备等。

问题引导1：FlexRay 的特点有哪些？

作为一种灵活的车载网络系统，FlexRay 具有高速、可靠及安全的特点，它不仅能简化车载通信系统的架构，而且还有助于汽车电子单元获得更高的稳定性和可靠性。

FlexRay 在物理上通过两条分开的总线通信，每一条的数据速率是 10MBit/s。CAN 网络最高性能极限为 1Mbit/s，而 FlexRay 总数据速率可达到 20Mbit/s（图 6-49）。

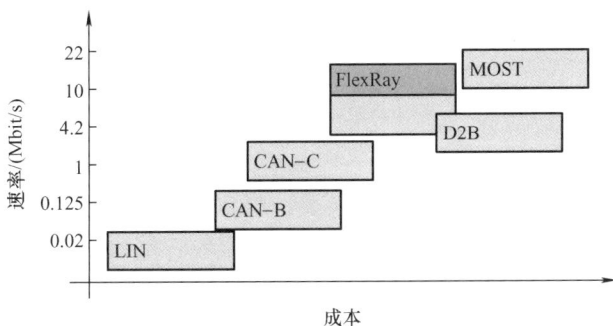

图 6-49　各个协议数据速率的比较

FlexRay 具有很多网络不具有的可靠性，尤其是 FlexRay 具备的冗余通信能力可实现通过硬件完全复制网络配置，并进行进度监测。FlexRay 同时提供灵活的配置，可支持各种拓扑，如总线、星形和混合拓扑。FlexRay 本身不能确保系统安全，但它具备大量功能，可以支持以安全为导向的系统（如线控系统）的设计。

1. FlexRay 节点和状态

FlexRay 节点的核心是 ECU，是接入车载网络中的独立完成相应功能的控制单元，主要由电源供给系统、主处理器、固化 FlexRay 通信控制器、可选的总线监控器和总线驱动器组成，如图 6-50 所示。主处理器提供和产生数据，并通过 FlexRay 通信控制器传送出去。其中，BD 和 BG 的个数对应于通道数，与通信控制器和微处理器相连。总线监控逻辑必须独立于其他的通信控制器。总线驱动器连接着通信控制器和总线，或是连接总线监控器和总线。主处理器把 FlexRay 控制器分配的时间槽通知给总线监视器，然后总线监视器允许 FlexRay 控制器在这些时间槽中来传输数据。数据可以在任何时候被接收。

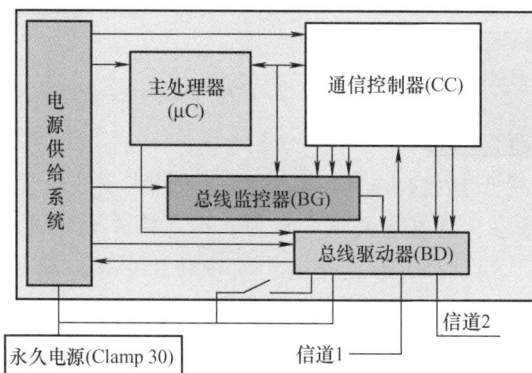

图 6-50　FlexRay 节点（ECU）

节点的两个通信过程如下：

1）发送数据。主处理器将有效的数据送给 CC，在 CC 中进行编码，形成数据位流，通过 BD 发送到相应的通道上。

2）接收数据。在某一时刻，由 BD 访问栈，将数据位流送到 CC 进行解码，将数据部分由 CC 传送给主处理器。

如图 6-51 所示，FlexRay 的节点有几个基本的运行状态：

1）配置状态（默认配置/配置）：用于各种初始化设置，包括通信周期和数据速率。

2）准备状态：用于进行内部的通信设置。

3）唤醒状态：用于唤醒没有在通信的节点。唤醒针对的是电源管理系统。有些节点在不工作时处于"省电"模式，当再次投入工作时就需要唤醒该节点；单个节点可唤醒整个组群；主机可在通信信道上传输唤醒模式。节点通过收发器进行唤醒；当节点的收发器接收到唤醒特征符后，对主机处理器和通信控制器进行上电，唤醒并激活通信控制器、总线驱动器和总线监控器。

4）启动状态：用于启动时钟同步，并为通信做准备。只有将节点唤醒后，才能启动节点工作。初始化一个启动过程称为冷启动，能进行冷启动的节点数目是有限的。系统的启动由两个逻辑步骤组成：冷启动节点启动和其他非冷启动节点，通过接受启动帧与冷启动节点整合到一起。

5）正常状态（主动/被动）：可以进行通信的状态。

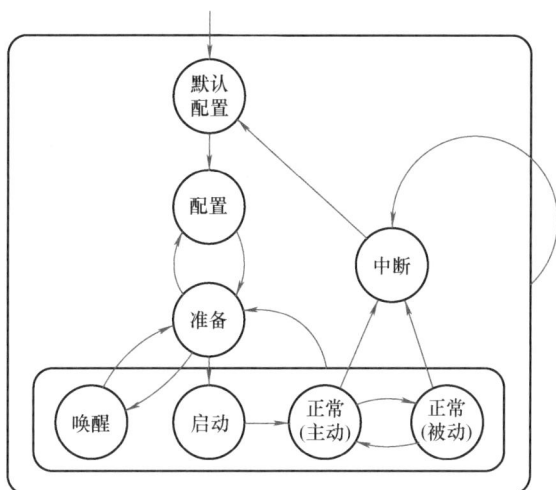

图 6-51　协议操作控制综述

6）中断状态：表明通信中断。

2. FlexRay 网络

FlexRay 的网络拓扑结构主要分为总线式、星形、总线星形混合形。在星形结构中，还存在级联方式。通常 FlexRay 节点可以支持两个信道，因而可以开发单信道和双信道两种系统。在双信道系统中，不是所有节点都必须与两个信道连接。与总线结构相比，星形结构的优势是它在接收器和发送器之间提供点到点连接。该优势在高传输速率和长传输线路中尤为明显。另一个重要优势是错误分离功能。例如，如果信号传输使用的两条线路短路，总线系统在该信道不能进行进一步的通信。如果是星形结构，则只有到连接短路的节点才会受到影响。其他所有节点仍然可以继续与其他节点通信。双信道总线结构如图 6-52 所示，双信道备用星形结构如图 6-53 所示，单双信道级联如图 6-54 和图 6-55 所示，单双信道混合型结构如图 6-56 所示，FlexRay 网络如图 6-57 所示。

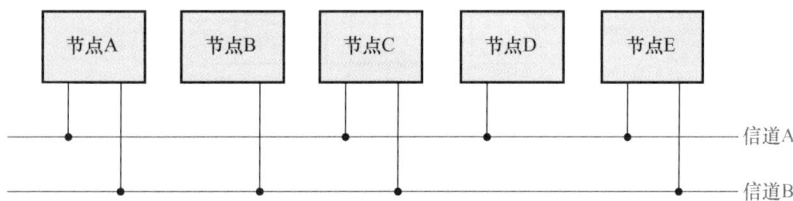

图 6-52　双信道总线结构

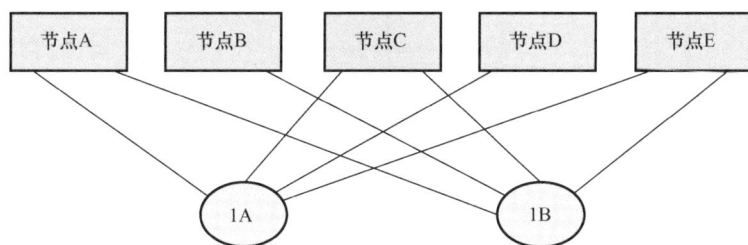

图 6-53　双信道备用星形结构

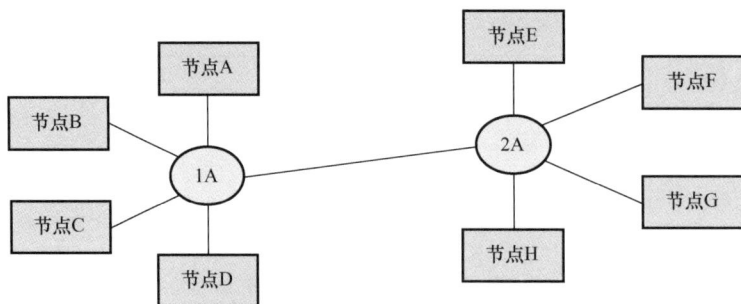

图 6-54　单双信道级联（1）

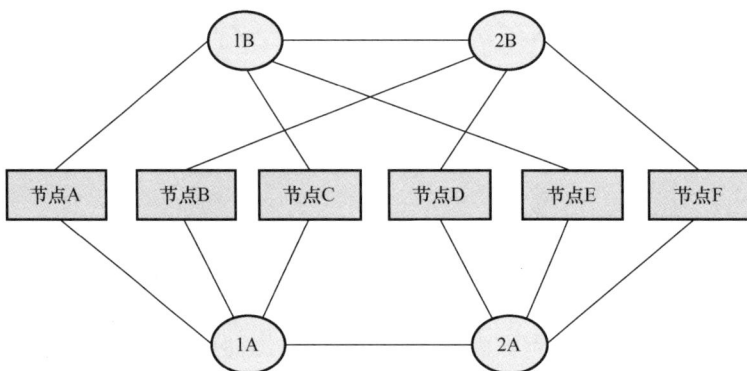

图 6-55　单双信道级联（2）

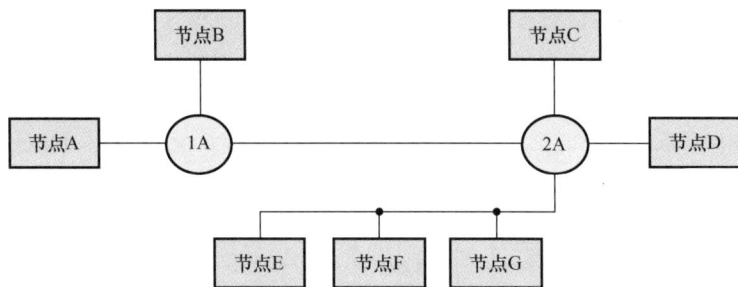

图 6-56　单双信道混合型结构

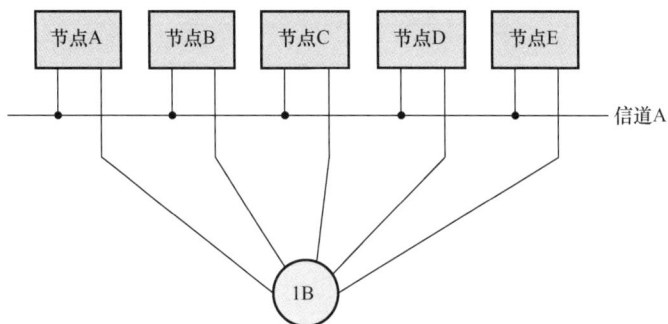

图 6-57　FlexRay 网络

问题引导3： **FlexRay** 的协议有哪些？

FlexRay 联盟目前只规定了数据链路层和物理层的协议。

1. FlexRay 帧格式

1 个数据帧由帧头、有效数据段和帧尾 3 部分组成。FlexRay 数据帧格式如图 6-58 所示。

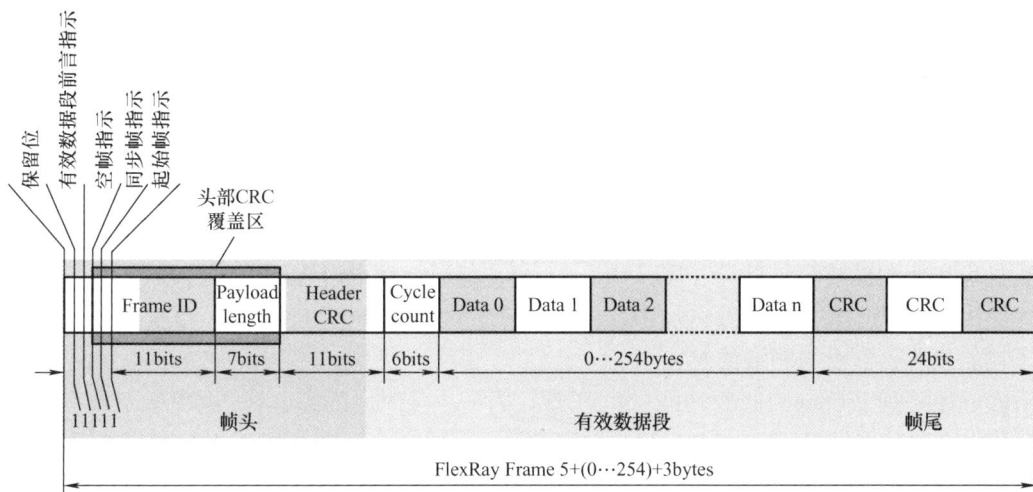

图 6-58 FlexRay 数据帧格式

（1）帧头部分 共由 5 个字节（40bit）组成，包括以下几个部分：

1）保留位（1 位）。为日后的扩展做准备。

2）有效数据段前言指示（1 位）。指明帧的有效数据段的向量信息。在静态帧中，该位指明的是 NWVector；在动态帧中，该位指明的是信息 ID。

3）空帧指示（1 位）。指明负载段的数据帧是否为零。

4）同步帧指示（1 位）。指明这是一个同步帧。

5）起始帧指示（1 位）。指明发送帧的节点是否为启始帧。

6）帧 ID（11 位）。指明在系统设计过程中分配到每个节点的 ID（有效范围：1 至 2047）。

7）有效数据长度（7 位）。指示有效数据的长度，以字节为单位。

8）头部 CRC（11 位）。表明同步帧指示器和起始帧指示器的 CRC 计算值，以及由主机计算的帧 ID 和帧长度。

9）周期（6 位）。指明在帧传输时间内传输帧的节点的周期计数。

（2）有效数据段部分 有效数据段由 3 个部分组成：

1）数据。可以是 0～254 字节或者 0～127 个字，在图中分别以 data0、data1 等表示。

2）信息 ID。使用负载段的前两个字节进行定义，可以在接收方作为可过滤数据使用。

3）网络管理向量（NWV ector）。该向量长度必须为 0～10 个字节，并和所有节点相同。该帧的尾段包括硬件规定的 CRC 值。这些 CRC 值会在连接的信道上面改变种子值，以防不正确的校正。一般将有效数据部分的前 6 个字节设为海明距离。

（3）帧尾部分 只含有单个的数据域，即 CRC 部分，包括帧头 CRC 和数据帧的 CRC。

2. FlexRay 帧编码

编码的过程实际上就是对要发送的数据进行相应的处理"打包"的过程,如加上各种校验位、ID 符等。解码的过程就是对收到的数据帧进行"解包"的过程。编码与解码主要发生在通信控制器与总线驱动器之间,如图 6-59 所示。

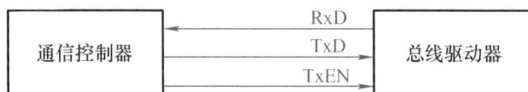

图 6-59　编码与解码

图 6-59 中,RxD 为接收信号,TxD 为发送信号,TxEN 为通信控制器请求数据信号。信息的二进制表示采用"不归零"码。对于双信道的节点,每个信道上的编码与解码的过程是同时完成的。编码与解码的过程主要由 3 个过程组成:主编码与解码过程(CODEC)、位过滤过程和唤醒模式解码过程(WUPDEC)。以主编码与解码过程为主要过程。

(1)帧编码　传输起始序列(Transmission Start Sequence,TSS)为一段时间的低电平,用于初始化传输节点与网络的对接。

帧起始序列(Frame Start Sequence,FSS)为一小段时间的高电平,紧跟在 TSS 后。

字节起始序列(Byte Start Sequence,BSS)由一段高电平和一段低电平组成,给接受方节点提供定时信息。

帧结束序列(Frame End Sequence,FES)由一段低电平和一段高电平组成,位于有效数据位之后。如果是在动态时序部分接入网络,则要在 FES 后附加动态尾部序列(DTS)。

将这些序列与有效位(从最大位 MSB 到最小位 LSB)组装起来就是编码过程,最终形成能够在网络传播的数据位流。此外,低电平的最小持续时间为一个 gdBit。图 6-60 与图 6-61 所示分别为静态和动态部分的编码。

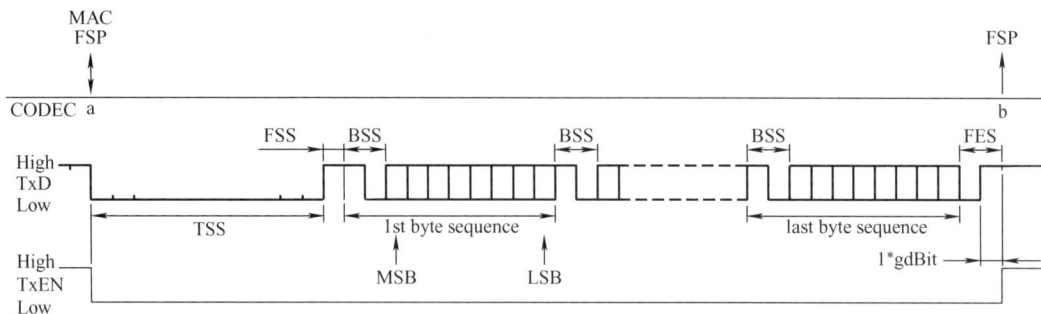

图 6-60　静态部分的编码

(2)特征符编码　FlexRay 协议有 3 种特征符:冲突避免特征符(Collision Avoidance Symbol,CAS)、媒体接入测试特征符(Media Access Test Symbol,MTS)和唤醒特征符(Wakeup Symbol,WUS)。节点对 CAS 和 MTS 的编码是跟随在 TSS 之后的一段时间长位 cd-CAS 的低电平,如图 6-62 所示。节点对 WUS 的编码没有采用辅助信号 TSS,随 TxEN 的边沿触发同步于 TxD 信号进行传输一个 WUS,如图 6-63 所示。帧与特征符解码的过程就是编码的逆过程。

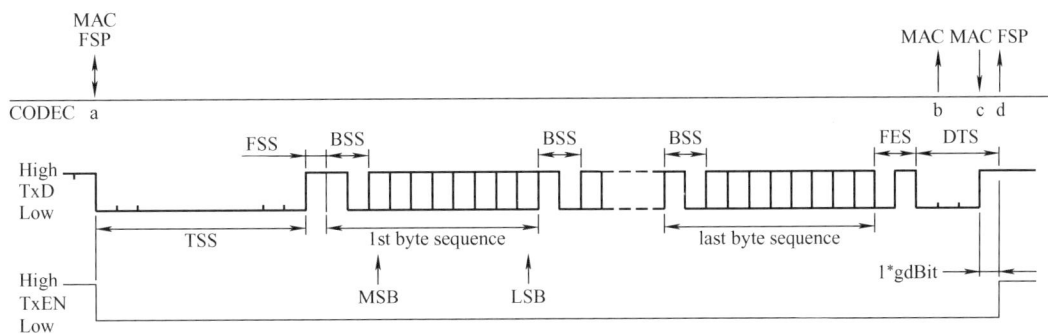

图 6-61　动态部分的编码

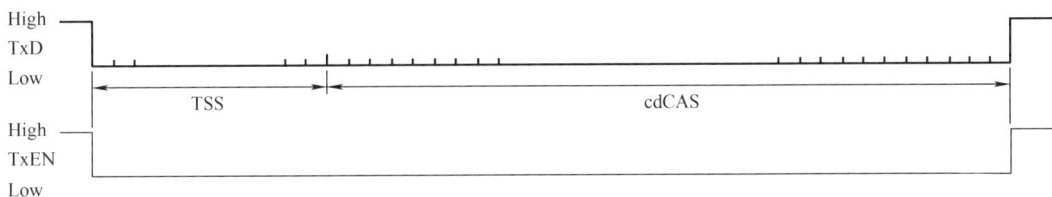

图 6-62　跟随在 TSS 之后的一段时间长位 cdCAS 的低电平

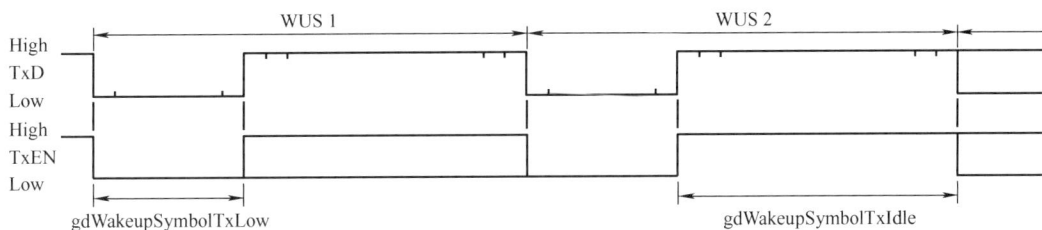

图 6-63　随 TxEN 的边沿触发同步于 TxD 信号进行传输一个 WUS

3. FlexRay 通信模式

FlexRay 的通信是在周期循环中进行的。一个通信循环始终包括静态段（ST）和网络闲置时间（NIT），还可能包括动态段（DYN）、符号窗口（SW）。ST 和 DYN 由时槽构成，通过时槽传输帧信息，时槽经固定的周期而重复。协议内部流程需要网络闲置时间，并且在这个时段内，集群的节点之间不进行任何通信。

在静态段中，采用时分多址 TDMA 技术实现时间触发。将多个时槽固定分配给每个节点，这些时槽内，只允许该节点传输数据。所有时槽的大小相同，并且是从 1 开始向上编号。在运行期间，该时槽的分配不能修改，静态部分传送的信息在通信开始时就应该组合好，传输数据的最大量不能超过固定长度。这种访问方法，保证在静态段中传输的特定消息，在周期循环中拥有固定的位置，即接收器已经提前知道了消息到达的时间，并且到达时间的临时偏差幅度会非常小。因此，即便行车环境恶劣多变，干扰了系统传输，FlexRay 协议也可以确保将信息延迟和抖动降至最低，从而尽可能保持传输的同步与可测试。这对需要持续的高速性能的应用（如线控制动、线控转向）来说，是非常重要的。

动态段采用更灵活的时分多址技术（FTDMA），使用小时槽作为访问动态部分的通信媒介。各个节点利用信息 ID（报文 ID）中定义好的优先级竞争带宽。如果在小时槽中出现了总线访问，时槽就会按照需要的时间来扩展，因而总线的带宽是动态可变动的，如图 6-64 所示。

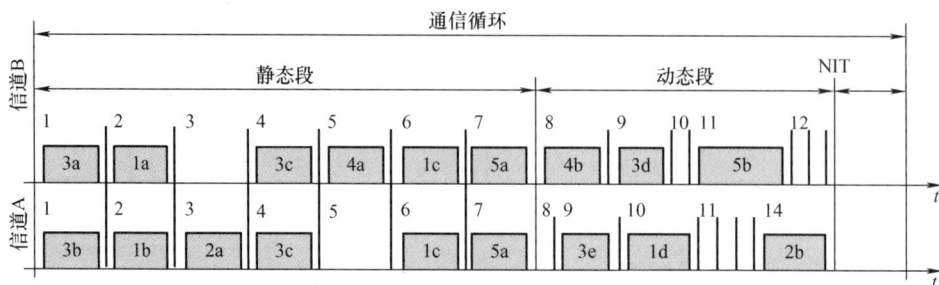

图 6-64　带静态和动态段的通信循环

可见，静态段可以保证对总线的访问是确定性的。但是通过对节点和信息分配时槽的方法来固定分配总线带宽，就导致了总线带宽利用率低，而且灵活性差，不利于以后节点的扩充。动态段采用时间触发的方式传输事件信息，保证一些具有高优先权的数据能够在总线忙时也有机会发送信息，这样各个节点可以共享这部分带宽，而且带宽可动态分配，灵活性好。这就在保证总线访问的确定性的同时，弥补了静态段传输的不足。

4. FlexRay 时钟同步

如果使用基于 TDMA 的通信协议，则通信媒介的访问在时间域中控制。因此，每个节点都必须保持时间同步，这一点非常重要。所有节点的时钟必须同步，并且最大偏差必须在限定范围内，这是实现时钟同步的前提条件。

时钟偏差可以分为相位偏差和频率偏差。相位偏差是两个时钟在某一特定时间的绝对差别。频率偏差是相位偏差随着时间推移的变化，它反映了相位偏差在特定时间的变化。

有多种方法通过相位纠正和频率纠正实施时钟同步。FlexRay 使用了一种综合方法，同时实施相位纠正和频率纠正。时钟同步是一个控制环路，如图 6-65 所示，它是由测量、计算和设定功能组成的。要测量每个时钟与其他时钟的偏差，所有节点都要在接收期间测量消息的到达时间。通过静态部分的定时机制，每个节点都知道消息应当何时到达。如果消息比预计时间早到或晚到，将能测量得出实际时间与预定时间之间的偏差。该偏差代表了传输和接收节点之间的时钟偏差。借助获得的测量值，可用容错平均算法计算出每个节点的纠正值。

在频率纠正中，需要使用两个通信循环的测量值。这些测量值之间的差值反映每个通信循环中的时钟偏差变化。它通常用于计算双循环结束时的纠正值。在整个后来的双循环中，

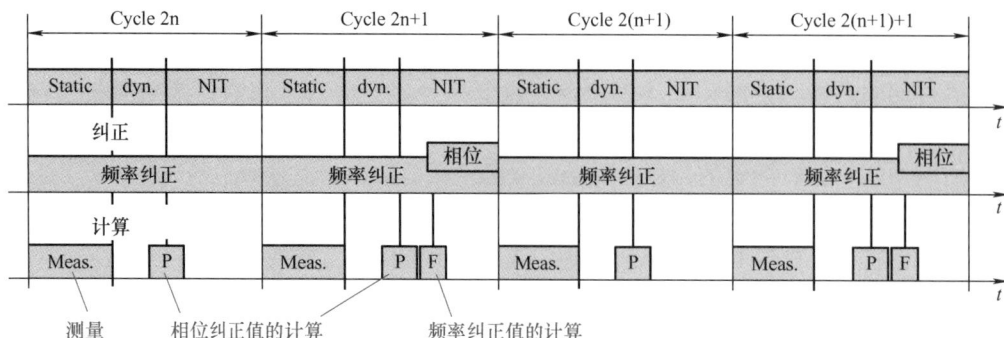

图 6-65　时钟同步机制

都使用该纠正值。

相位纠正值的计算只需一个循环周期的测量值，一旦接收了所有测量值，即可开始实施计算，并且它必须在开始相位纠正前完成。在通信循环末尾，网络闲置时间（NIT）的一部分被保留，用于相位纠正。相位纠正要相隔一个循环实施，避免影响时钟频率偏差的确定。

5. FlexRay 总线信号

在物理层，FlexRay 根据 uBP 和 uBM 的不同电压，使用不同的信号 BP 和 BM 进行通信。4 个信号代表了 FlexRay 总线的各种状态（图 6-66）：

Idle_L：低功率状态。

Idle：无通信状态。

Data_1：逻辑高。

Data_0：逻辑低。

注意：在 Data_1 和 Data_0 之间不允许有冲突。

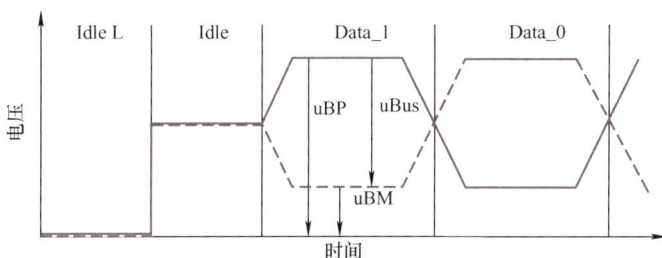

图 6-66　FlexRay 总线状态

问题引导 4： FlexRay 的应用有哪些？

如图 6-67 所示，FlexRay 面向的是众多的车内线控操作（X - by - Wire），图中还展示了一个把 FlexRay 和 CAN 网络结合的网关。

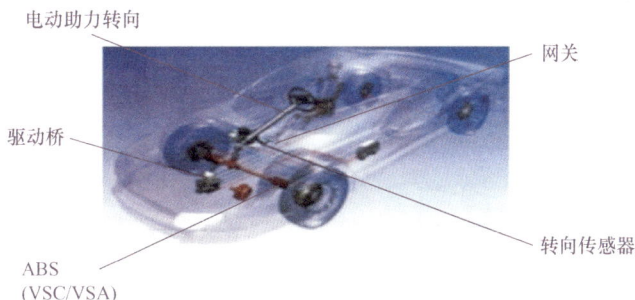

图 6-67　带有 CAN 网络扩充的 FlexRay 线控操作

FlexRay 导线控制应用：

1）线控操作转向：典型的是使用电控单元。

2）防抱死制动系统（ABS）：包括车辆稳定控制（V）和车辆稳定助手（VSA）。

3）动力系统：代替现有的机械系统控制电子节气门。该电子节气门和现有系统结合工作，如电控化燃油喷射器、电控化可变进气系统、电控化怠速控制系统。

参 考 文 献

[1] 崔胜民. 新能源汽车概论［M］. 北京：北京大学出版社，2015.
[2] 朱列. 新能源汽车技术［M］. 北京：机械工业出版社，2017.
[3] 马德粮. 新能源汽车技术［M］. 北京：清华大学出版社，2017.
[4] 孙旭. 新能源汽车技术概论［M］. 北京：国防工业出版社，2017.
[5] 崔胜民. 新能源汽车技术解析［M］. 北京：化学工业出版社，2016.
[6] 麻友良. 新能源汽车动力电池技术［M］. 北京：北京大学出版社，2016.
[7] 王庆年，曾小华. 新能源汽车关键技术［M］. 北京：化学工业出版社，2017.

高等职业教育新能源汽车类专业
"互联网+" 创新教材

新能源汽车动力电池技术	吕江毅　成　林
新能源汽车驱动电机技术　第2版	何忆斌　侯志华
新能源汽车使用与维护	焦传君　何英俊
▶ 新能源汽车电控技术	于星胜　赵　宇
电动汽车结构与原理	任少云
新能源汽车动力电池技术工作页	汪赵强　刘　港
新能源汽车驱动电机技术工作页	张　敏　宋佳丽
新能源汽车使用与保养工作页	张　萌　李景芝
新能源汽车电控技术工作页	邸玉峰　江传林

ISBN 978-7-111-75568-5

9 787111 755685

上架指导　新能源汽车技术

机工教育微信服务号　　策划编辑◎葛晓慧

定价：49.00元

普通高等教育电工电子基础课程系列教材

电路基础

张涛 张锐 单蕙 主编

互联网＋新形态
立体化教材

动画视频｜课件｜答案详解｜教学大纲

机械工业出版社
CHINA MACHINE PRESS